Marianne und Reinhard Kopp

Küche, Kreuzfahrt, Kombizange?
Unterhaltsamer Großelterntest

Edition Großelternakademie

Bibliografische Information der Deutschen Nationalbibliothek:
Die Deutsche Nationalbibliothek verzeichnet diese Publika-
tion in der Deutschen Nationalbibliografie; detaillierte bibliografische Daten sind im Internet über http://dnb.dnb.de
abrufbar.

Die automatisierte Analyse des Werkes, um daraus
Informationen insbesondere über Muster, Trends und
Korrelationen gemäß §44b UrhG (»Text und Data Mining«)
zu gewinnen, ist untersagt.

Verlag: BoD • Books on Demand GmbH, In de Tarpen 42,
22848 Norderstedt
Druck: Libri Plureos GmbH, Friedensallee 273, 22763
Hamburg
ISBN: 978-3-7597-4268-1

VON EINMISCHEN, IGNORIEREN, TOLERANZ, RESPEKT UND WOHLWOLLEN

Einmischen

Einmischen ist nicht gut, ignorieren auch nicht. Dazwischen liegt die ganze Weisheit des Großelterndaseins. Einmischen heißt, sich ungefragt oder über alles Bitten hinaus in Angelegenheiten zu drängen, die Großeltern im Grunde genommen nichts angehen. Wenn Tochter und Schwiegersohn über das Thema Geld streiten, ist Zurückhaltung schwer, aber geboten. Wenn Enkel und Eltern sich wegen falscher Freunde streiten, diese Diskussion zu meiden, mag zur Qual werden. Wenn die Kinder frech werden zur Mutter, seinen Mund zu halten, kostet Kraft. Aber nur auf diese Weise werden wir gern gesehene Besucher im Hause unserer Kinder und Enkel bleiben. Natürlich ist Handeln geboten, wenn wir Zeugen einer Straftat werden, ansehen müssen, wie Kinder oder Ehepartner misshandelt werden. Anstatt dazwischen zu gehen und selbst geschädigt zu werden, ist ein Anruf bei der Polizei, beim Notarzt oder der Feuerwehr geboten. Doch von solchen Ausnahmesituationen reden wir hier gar nicht, sondern von ganz normalen Alltagssituationen.

Wer bei familiären Konflikten seiner Kinder Partei ergreift, riskiert, sich bald außen vor wiederzufinden. Denn noch bevor wir uns besonnen, die Fakten richtig sortiert, eine Meinung gebildet haben, haben sich die jungen Leute wieder versöhnt, hat die Tochter ihrem Ehemann versprochen, bei der nächsten Shoppingtour nicht die teuren Läden anzusteuern, das Enkelkind eingesehen, dass es bessere Freunde braucht.

Wer sich einmischt, steht auf der Verliererseite. Zwar können Sie in die über das nächste Urlaubsziel diskutierende Runde einwerfen, dass bei Ihnen daheim noch ein Prospekt über

Sonderkonditionen für die Vermietung von Ferienwohnungen läge. Doch am nächsten Tag einfach eine solche buchen, dürfen Sie nicht. Ihre Sorge, wenn Sie nicht handeln, passiert nichts, ist zwar sehr verständlich, aber es liegt in der Verantwortung Ihrer Kinder, sich um die eigene Urlaubsgestaltung ernsthaft Gedanken zu machen. Sollten die Kinder es nicht gebacken kriegen, müssen sie eben die schönsten Tage des Jahres daheim verbringen. Auch wenn es ärgerlich ist, Sie sind nicht verantwortlich dafür. Das ist allein Sache der Enkelfamilie. Einmischen verboten!, schreiben Sie sich das hinter den Spiegel. Doch wenn Sie ein gutes Miteinander haben, können Sie sicher sein, dass die Enkelfamilie Sie fragen wird, ob Sie nicht den Prospekt vorbeibringen könnten.

Ignoranz

Ignoranz ist das Gegenteil von Einmischen und deshalb auch nicht besser. Viele Großeltern ignorieren die Enkelfamilie, weil sie sich ja nicht einmischen wollen. Also ziehen sie sich völlig zurück und machen ihr eigenes Ding, ohne Kinder und Enkel zu beachten. Ignoranz ist am anderen Ende dieser Unmöglichkeitsskala. Natürlich, was einen nichts angeht, dafür ist man nicht zu verpflichten, dafür muss Oma oder Opa keine Verantwortung übernehmen, auch keine großelterliche. Ignoranz heißt, etwas absichtlich nicht wissen wollen.

Sich absichtlich raushalten aus dem Verantwortungsbereich von Großmutter oder Großvater ist grob fahrlässig, gemein und böse. Die negativen Folgen werden eher die Großeltern treffen als die Enkelfamilie. Heutzutage gibt es genügend Agenturen, die Leihgroßeltern vermitteln. Leibliche Großetern sind einigermaßen ersetzbar. Doch was sie versäumen, wenn sie leichtfertig ihre Aufgabe ignorieren, ist unersetzbar.

Ignoranz ist eine verkappte Form von Egoismus. Wenn Großeltern nicht bereit sind, Zeit, Geld und Herz zu opfern, werden sie die Folgen bitter zu spüren bekommen. Dann nämlich wird auch die Enkelfamilie nicht bereit sein, ihnen Gleiches zurückzugeben. Entfremdung ist die Folge von Ignoranz. Warum also sollten Kinder und Enkel etwas für »fremde« Leute tun?

Und doch hat Ignoranz auch eine positive Seite: Wenn wir lernen, negative Dinge einfach nicht zu beachten, werden wir weiter positiv bleiben können.

Toleranz

Der Begriff Toleranz kommt vom Lateinischen *tolerare* und bedeutet: *erdulden, ertragen.* Wir können auch sagen *jemanden stehen lassen* und *nicht ablehnen.* Wir urteilen nicht – sondern nehmen etwas wahr. Toleranz wird geübt gegenüber anderen Meinungen und Ideen, aber auch gegenüber Menschen anderer Hautfarbe, sexueller Orientierung und Religion, Ethnie, Weltanschauung, Herkunft, Abstammung, gegenüber Menschen jeder Nationalität und jeden Geschlechts, jeden Alters und jeder Behinderung. Kurz: Toleranz übt, wer Teil der Mehrheit ist und Toleranz genießt, wer davon abweicht. (Jan Hedde, Journalist)

Toleranz kann schwierig sein, da das zu Tolerierende ja nicht meine Meinung, mein Geschmack oder meine Ansicht ist. Im technischen Bereich spricht man von Toleranz, wenn es um eine zulässige Abweichung geht.

Toleranz ist eine der wichtigsten Errungenschaften unserer modernen Gesellschaft. Intoleranz ist menschenverachtend und wirkt sich oft sogar tödlich aus.

Was meinen wir, wenn wir von Toleranz in Bezug auf Großeltern sprechen? Wir meinen, dass Sie als Großeltern mit Ihrer Familie klarkommen. Erdulden oder ertragen wir dabei? Ertragen ist passives Verhalten. Wenn wir z. B. unangenehme Personen oder Situationen über uns ergehen lassen, ohne zu hinterfragen und unbeteiligt bleiben. Tolerieren aber ist aktives Handeln. Wir setzen uns mit den Gegebenheiten auseinander.

Beispiel: Die Kinder toben. Entweder wir sitzen schmollend dabei oder fragen uns: Wie gestalten wir das kindliche Bedürfnis nach Bewegung nach dem stressigen Schultag?

Beispiel: Der erwachsene Enkel bringt eine Muslima mit. Wir übergehen sie, sprechen sie nicht an, ihre Familie interessiert uns nicht. Oder: Wir erkundigen uns nach ihrer Herkunft, Lebensart, ohne zu belehren und servieren beispielsweise kein Schweinefleisch.

Respekt

Mit Respekt haben wir uns ausgiebig in unserm Buch *Wir Großeltern im 21. Jahrhundert* im Kapitel Rechte der Großeltern in Recht Nr. 7, *Großeltern dürfen von den Enkeln Respekt erwarten*, beschäftigt. Den Unterschied in Sachen Respekt macht an dieser Stelle aber, dass wir ihn nicht erwarten, sondern sind, ihn zu geben. Das ist die andere Seite der Medaille. Das Bedürfnis nach Respekt und Wertschätzung ist ein zutiefst menschliches. Jeder sehnt sich danach, als Person wahrgenommen und anerkannt zu werden – in seiner Einzigartigkeit, seiner Rolle als Partner, Kollege, Familienmitglied, Nachbar.

Respekt kommt vom lateinischen *respicere*: zurücksehen. »Wer auf mich Rücksicht nimmt, der nimmt mich wahr und meine Bedürfnisse und Pläne ernst«, sagt Gesundheitswissenschaftler Dr. Udo Baer.

Respektforscher Dr. Eckloff unterscheidet den *horizontalen Respekt auf Augenhöhe* vom vertikalen *Leistungsrespekt*, mit dem wir zu einem Menschen aufblicken, weil wir etwa sein außergewöhnliches Talent oder seine Lebensleistung bewundern. Das bedeutet, dass wir mit unserm Urteil sehr vorsichtig sein sollten bei Dingen, die wir nicht gesehen, gelesen oder selbst erlebt haben. Respekt bewahrt uns vor vorschnellen Urteilen oder dem Verurteilen.

Respekt ist wichtig für unser Wohlbefinden. Mangel an Respekt zerstört Beziehungen, kann unglücklich und im schlimmsten Fall krank machen.

Wenn einer »Respekt vor Hunden« äußert, ist Angst im Spiel. Respekt wird vor allem aber so verstanden: als Achtung und Anerkennung des Gegenübers. Man spricht von Höflichkeit oder professioneller Distanz. Schon Freiherr von Knigge machte sich im 18. Jahrhundert Gedanken darüber und schrieb Verhaltensregeln auf. Wir wollen uns hier nicht in schwieriger Etikette oder mit Dresscodes verzetteln. Aber Höflichkeit und Freundlichkeit machen unser Gegenüber zugänglich. Sätze mit Bitte und Danke tun ihr Übriges.

Respekt ist nur wirkungsvoll, wenn aus einer widerwilligen Duldung ein wechselseitiger Respekt wird. Die leidvolle Erfahrung vorenthaltenen Respekts wirkt sich wie ein Attentat auf die Seele aus.

Respektlose Jugend – ein uraltes Phänomen

Vor mindestens 2400 Jahre klagte der griechische Philosoph Sokrates: »Die Jugend liebt heutzutage den Luxus. Sie hat schlechte Manieren, verachtet die Autorität, hat keinen Resekt vor den älteren Leuten und schwatzt, wo sie arbeiten sollte. Die jungen Leute stehen nicht mehr auf, wenn Ältere das Zimmer betreten. Sie widersprechen ihren Eltern, schwadronieren in der Gesellschaft, verschlingen bei Tisch die Süßspeisen, legen die Beine übereinander und tyrannisieren ihre Lehrer.«

Was ist Respekt?

In der Alltagssprache hat der Begriff unterschiedliche Bedeutung. Der Senior meint damit die Höflichkeit und Umgangsformen der Jugend. Für den Meister ist es eine Frage des

Gehorsams: Wenn der Lehrling nicht spurt, dann ist das respektlos.

Manche Großeltern fordern eher Respekt ein als dass sie ihn geben. Wenn Großeltern nicht verletzend, sondern lösungsorientiert mit den jungen Leuten sprechen, werden die bestimmt positiv reagieren. Vergessen wir nicht, mit unsern Macken, die die Jüngeren stören, erwarten wir auch Respekt.

Wohlwollen

Wohlwollen ist keine Blauäugigkeit. Wohlwollen gehörte vor hundert Jahren zu den Pflichttugenden der Großeltern. Das Wort Wohlwollen beinhaltet Güte und Offenheit. Beides passt perfekt in die Großelternthematik. Großeltern, die gütig und offen sein können, sind ein Geschenk. Wer offen sein kann für Neues, anderes, manchmal auch Gewöhnungsbedürftiges, macht sich selbst das größte Geschenk, denn es lebt sich leichter. Wohlwollen hat darum mit Akzeptanz zu tun. Wenn ich anderen oder anderem gütig und offen gegenüber treten kann, wird es mir nicht schwer fallen, die Person oder Sache zu akzeptieren. Das bedeutet nun keineswegs, sich damit zu identifizieren.

Es gibt viele Dinge, mit denen ich mich nicht identifizieren möchte, die ich aber tolerieren und akzeptieren muss, einfach, weil es sie gibt. Vielleicht auch, weil sie in meiner Familie sind. Nein, wir mögen keine Piercings, aber wenn unsere Enkelinnen sich einen Ring durch die Nase piercen lassen, werden wir sie weder rauswerfen noch ihnen ständig vorhalten, wie unmöglich sie unserer Meinung nach aussehen. Wir werden sie akzeptieren und weiterhin wohlwollend behandeln, was sonst? Das bedeutet noch lange nicht, dass wir sie bei der Hand nehmen und ihnen das nächste Piercing bezahlen, bloß weil wir wohlwollend sein wollen. Wenn sie uns fragen, werden wir ihnen sachlich antworten und bemüht sein, die Mädchen nicht zu verletzen. Die Aufreger überlassen wir gerne ihren Eltern. Es muss nicht das Piercing sein, was uns viel Kraft zur Güte und Offenheit abverlangt. Manchmal sind es ganz banale Dinge, wie ein stets ungemachtes Bett, ein notorisch leeres Konto, eine junge Mutter, die unserer Meinung nach ungesunde oder zu gesunde Lebensmittel einkauft.

Wohlwollen kann man üben. Damit es gelingt, sollten wir beizeiten damit beginnen. Ganz wichtig: Diese Übung dauert lebenslang. Wer Wohlwollen zeigen kann, dem eröffnen sich ganz neue Perspektiven.

Typisch Oma, typisch Opa?

Nachdem wir Ihnen unsere Sicht auf Eimischen, Ignoranz, Toleranz, Respekt und Wohlwollen erklärt haben, sollen uns diese Begriffe gewissermaßen als eine Art Schablone für jeden Oma- oder Opatypen dienen. Deshalb betrachten wir die einzelnen Typen unter diesen Gesichtspunkten.

Machen Sie sich nichts vor, lassen Sie sich nicht täuschen, Ihre Familie kennt Sie, hat Sie durchschaut! Bei mancher Marotte, mancher Liebenswürdigkeit, wird man über Sie sagen: Typisch Oma! oder typisch Opa! Meistens ist das nicht böse gemeint, sondern eine Schmeichelei.

Jeder Mensch hat etwas, das ihn von andern abhebt und unterscheidet. So auch wir Großeltern.

Wir haben verschiedene Typen herausgearbeitet, die wir Ihnen hier gerne vorstellen. Wenn Sie diesen Test machen, dürfen Sie wissen, dass niemand hundertprozentig einem dieser Typen entspricht. Wir alle sind sozusagen »Mischtypen«. Mal sind Sie mehr der/die eine oder andere, je nach Temperament, Situation oder Tagesform.

Welcher Oma-Typ sind Sie? Bitte kreuzen Sie an!

1.
- o Die junge Familie käme ohne mich nur schwer zurecht.
- o Sie können froh sein, dass ich mich um alles kümmere.
- o Meine Kinder können einfach keine Verantwortung tragen.
- o Ich helfe gerne, ohne dass man mich erst groß bitten muss.
- o Als Oma habe ich natürlich auch bei der Wohnungseinrichtung ein Mitspracherecht.

2.
- o »Essen und Trinken hält Leib und Seele zusammen« – mein Wahlspruch.
- o Neben gutem Essen gibt es bei mir, je nach Jahreszeit, leckere Marmelade, Weihnachtsplätzchen oder eine selbst gekochte, eingefrorene Mahlzeiten zum Mitnehmen.
- o Ich finde, Kinder müssen viel essen, ihre Eltern auch.
- o Ich bin stolz darauf, als einzige noch die guten alten Rezepte zu kennen.
- o Ich werde ziemlich ärgerlich, wenn meine Kinder nichts essen wollen.

3.
- In Wirklichkeit fühle ich mich noch zu jung für die Rolle einer Großmutter.
- Eigentlich sehe ich nicht aus wie die Mutter meiner Tochter, eher wie ihre Schwester.
- Mein Terminkalender ist so gefüllt, dass mir eigentlich die Zeit für die Enkel fehlt.
- Fitness, Verein, Kirchengemeinde und andere Aktivitäten fordern mich ganz und gar.
- Ich liebe meine Enkel, aber auf Abstand bitte!

4.
- Für meine Enkel lasse ich jederzeit alles stehen und liegen.
- Hobbys oder andere Interessen habe ich nicht. Am liebsten bin ich daheim.
- Die Enkel tun mir leid. Man hört und liest so viel von all dem Bösen da draußen.
- Ich bestärke meine Enkel darin, dass die andern böse und sie gut sind.
- Eine gute Oma sollte stets für ihre Enkelkinder Partei ergreifen.

5.
- So weit es möglich ist, mache ich alles selbst.
- Früher haben wir viel Geld gespart durch meine selbst gestrickten Mützen, Schals, Pullover, Jacken usw.
- Die junge Familie sollte froh sein, dass ich für sie aus alten Briefumschlägen Tüten bastele und manch anderes.
- Mich beschleicht manchmal der Verdacht, die Enkel tun nur so, als freuten sie sich über Selbstgemachtes von mir.
- Letztens sah ich meine Enkeltochter mit einer gekauften Strickmütze. Das hat mich geärgert.

6.
- o Ich frage im Gespräch immer ganz genau nach.
- o Ich bin ein offener Mensch, unterhalte mich mit jedem gerne sehr intensiv.
- o Ich bin stets in der Lage, aus vielen Informationsquellen zu schöpfen und mache selbstverständlich Gebrauch davon.
- o Als Oma habe ich ein Recht darauf, die Geheimnisse meiner Familienmitglieder zu kennen.
- o Ich schaffe es stets, dass sich meine Gesprächspartner mal endlich alles von der Seele reden.

7.
- o Der Jugend von heute fehlt es total an Respekt.
- o Wenn mir die Kinder und Enkel mehr Aufmerksamkeit schenkten, könnten sie wissen, was ich möchte, ohne dass ich lange davon reden muss.
- o Meine Devise: »Wenn man will, kann man«. Wenn sie gewollt hätten, wären sie trotz Umzugsstress zu meinem Geburtstag gekommen.
- o Es ärgert mich, dass ich bei meinen Kindern nur Gast unter gleichen bin. Schließlich bin ich die Mutter bzw. Oma.
- o Ich fühle mich total an den Rand gedrängt.

8.
- o Was würde meine Familie bloß ohne mich tun!
- o Meine Kinder können jederzeit mit mir rechnen.
- o Ich helfe immer, obwohl es mir oft zu viel wird.
- o Kinder und Enkel wenden sich nur an mich, wenn sie mich brauchen.
- o Nein sagen kann ich nicht.

9.

- o Wir Frauen müssen zusammenhalten.
- o Männer sind echt das Letzte, das habe ich meiner Tochter beigebracht und versuche auch meine Schwiegertochter davon zu überzeugen.
- o Am liebsten gönne ich mir selbst etwas.
- o Meinen Enkelinnen helfe ich, selbstbestimmt zu leben.
- o Frauen haben ein Recht auf ihre eigene Karriere.

10.

- o Ich möchte es am liebsten allen recht machen.
- o Auf keinen Fall möchte ich eine böse Schwiegermutter sein.
- o Stets bin ich um Gerechtigkeit und Ausgleich bemüht.
- o Ich entschuldige mich oft.
- o Meine Maxime: »Ich bin zufrieden, wenn es allen gut geht.«

11.

- o Eine gute Mutter macht sich immer Sorgen.
- o Ich weiß am besten, was meine Kinder brauchen oder nicht.
- o Ich werde stets Kraft, Zeit und Geld einsetzen, damit meine Kinder und Enkel gar nicht erst in Schwierigkeiten geraten.
- o Wenn eine Mutter sich zufrieden zeigt, ist sie in meinen Augen verantwortungslos.
- o Es regt mich auf, dass meine Kinder alle Verantwortung auf mich abwälzen.

Auflösung:
1. Manager-Oma

2. Küchen-Oma

3. Barbie-Oma

4. Be-Schirm-Oma

5. Hyper(-kre)aktiv-Oma

6. Detektiv-Oma

7. Energiesauger-Oma

8. Lückenspringer-Oma

9. Feministen-Oma

10. Wunschlos-Oma

11. Helikopter-Oma

Sohn und Schwiegertochter mit zwei Kindern laden zum Kaffee, denn es gibt Neuigkeiten: Erstens, über die Firma des Sohnes haben sie den Zuschlag für ein günstiges Grundstück bekommen und werden noch in diesem Jahr mit dem Bau eines Eigenheimes, etwas entfernt von der jetzigen Wohnung, beginnen.

Zweitens bekommen sie nochmal Nachwuchs.

Lassen wir gedanklich und rein fiktiv jeden Großmuttertypen am Kaffeetisch Platz nehmen und schauen, was dabei herauskommt.

Die Manager-Oma
hört Schwangerschaft und weiß eine gute Hebamme, die sie gleich anrufen wird. Außerdem hat von einer Bekannten die Tochter gerade entbunden, die wird sie wegen der abgelegten Babysachen fragen. Sie kennt ein viel besseres Baugebiet in einem anderen Stadtteil und wird sich gleich morgen darum kümmern.

Die Küchen-Oma
überlegt schon, wo Gemüsebeete auf dem neuen Grundstück angelegt werden können. Sie rät der Schwiegertochter zur Anschaffung einer großen Kühltruhe in einem großen Vorratskeller. Sie besteht darauf, dass beim Hausbau zuerst die Küche fertiggestellt wird. Dann wird sie die Versorgung übernehmen.

Die Barbie-Oma
ist entsetzt, dass noch ein Kind kommt. Sie verlangt, informiert zu werden, wenn die große Einweihungsparty steigt. Außerdem erinnert sie den Sohn daran, dass sie während der

Bauzeit ein paar Mal zum Flughafen gebracht werden muss, denn ihre Reisen sind schon gebucht.

Die Be-Schirm-Oma

bietet an, dass die Enkel in der Bauphase bei ihr einziehen können. Außerdem verspricht sie, sich um das Baby zu kümmern, damit die Eltern beim Bau vorankommen. Sie bringt aber auch zum Ausdruck, dass es sie mit Sorge erfüllt, dass die Enkel sich nach dem Umzug an eine neue Umgebung gewöhnen müssen. Man wisse ja nie, wer neben einem wohne.

Die Hyper(kre)aktiv-Oma

war während der Ankündigung der Neuigkeiten damit beschäftigt, den andern das Muster der Kaffeedecke zu erklären. Schließlich ist das ihre Stickarbeit. Sie wird erstmal eine Babydecke häkeln, dann eine Bettumrandung aus gerissenen Stoffstreifen, anschließend nette Caféhausgardinchen für das Esszimmer und, und, und.

Beim Wort Bettumrandung ziehen Sohn und Schwiegertochter die Stirn kraus.

Die Detektiv-Oma

hat gehört, dass die Nachbarn von nebenan auch bauen werden. Das mit dem Baby weiß sie schon lange. Sie fragt ungeniert, ob das Ehepaar die alten Möbel mitnimmt oder sich neue anschafft. Sie will wissen, wo die Schwiegertochter nach der Babypause arbeiten wird, ob sie im Garten auch einen Pool eingeplant haben und eine Hollywood-Schaukel aufstellen.

Die Energiesauger-Oma

bekommt plötzlich Kopfschmerzen. Alle wenden sich nun ihr zu und sie lamentiert, dass sie früher ja auch gerne gebaut hätten. Aber damals hatten sie es nicht so dicke, dass sie ein

Haus hätten bezahlen können. Alles hätte sie sich vom Munde abgespart, damit der Sohn es besser haben sollte. Sie will sofort nach Hause gebracht werden, aber die andern reden ihr gut zu und vertrösten sie. Schließlich bieten sie ihr die geplante Einliegerwohnung im neuen Haus an, was sie aber ablehnt, weil es ihr zu hektisch wäre.

Die Lückenspringer-Oma

ist ärgerlich, dass die Kinder dann woanders wohnen. Sie droht ihnen, nicht immer zur Stelle zu sein, wenn sie gerufen wird. Der Anfahrtsweg sei einfach viel weiter. Während das Bauprojekt durchgesprochen wird, behauptet sie: »Und dann braucht ihr mich wieder!«

Die Feministen-Oma

macht erstmal einen gemeinen Witz über Männer und Geburtswehen. Für das neue Haus hat sie auch schon einen Plan. Sie will die Schwiegertochter für einen Frauenrechts-aktivistinnenkreis, der im neuen Haus stattfinden könnte, gewinnen. Sie lästert in einem fort, ob die Männer so eine Baustelle überhaupt hinbekommen.

Die Konturlose-Muster-Oma

nickt allen freundlich zu und findet, die werden das schon machen. Jeder weiß, dass man sie jederzeit als Hilfe holen kann. Das zu erwartende Enkelkind freut sie. Als es um die Fassadengestaltung geht, hält sie sich raus.

Im Gegensatz zur Helikopter-Oma,

die sich gebärdet, als wäre das mit dem Bau ganz allein ihre Idee gewesen. Sie erklärt wortreich, dass sie ihrem Sohn zugeredet habe, doch endlich zu beginnen. Sie wird ihn am andern Tag von der Firma abholen, damit sie schon das Werkzeug beschaffen und Arbeitsklamotten braucht er auch noch.

Aufmerksamkeit für jede einzelne
1. MANAGER-OMA

Lästiger Schatten und treusorgende Seele

Ein Manager ist eine Führungskraft. Das zu sein versucht die *Manager-Oma* auch. Treu dem Slogan eines bekannten Haushaltgeräteherstellers: Ich führe ein kleines erfolgreiches Familienunternehmen, würde die *Manager-Oma* dies ohne jegliche Einschränkung bejahen, meint damit aber die Familie ihrer Kinder.

Manager-Omas führen ein Schattendasein. Denn sie sind wie ein Schatten der Kinder und Enkel. Sie sind auf indirekte Botschaften getrimmt und wandeln solche sofort in Bitten und Befehle um, ohne dass sie jemand darauf ansprechen muss. Sagt der Schwiegersohn zur Frau:»Ich kann den Klempner nicht erreichen«, wird die *Manager-Oma* sofort in Aktion treten, selber telefonieren, sich von der IHK eine Liste der Klempner geben lassen oder anderes veranstalten – ungefragt und ungebeten.

Sagt die Schwiegertochter zu ihrem Mann:»Wir müssen allmählich Fliesen für das Bad aussuchen«, und ihr Mann antwortet:»Ich bin mir noch nicht sicher, ob wir fliesen oder eine neue Art Wandputz auftragen», dann weiß Oma es ganz sicher und rennt am nächsten Tag wegen Angeboten. Findet sie im Fliesenmarkt ein günstiges Angebot, ordert sie es sogleich, obwohl Fliesen ja wirklich Geschmackssache sind.

Die *Manager-Oma* kann lästig sein. Die *Manager-Oma* ist der festen Überzeugung, ohne sie ginge es gar nicht.»Früher hätten wir, wären wir, durften wir nicht...« Solche Reden führt sie ständig und beruft sich auf ihre eigenen Eltern und deren Eltern als Kronzeugen. Dennoch ist die *Manager-Oma* unerschütterlich auf Seiten der Kinder. Die Enkelamilie ist ihr

Heiligtum, ihr Augapfel, ihr Ein und Alles. Kritisieren und schimpfen darf nur sie. Gute, ehrliche, ernstgemeinte, konstruktive Kritik prallt an ihr ab, dagegen ist sie immun. Sie wird jede kritische Bemerkung als Angriff auf die Familie auffassen und entsprechend reagieren.

Wie eine Bärin, die ihre Jungen verteidigt, führt sich Oma in solchen Fällen auf. Ehrliche Distanz – Fehlanzeige. Als sei sie persönlich beleidigt worden, reagiert sie, wenn man den Sohn nicht befördert hat. Der kann nur hoffen, niemals in einem Nebensatz den Namen seines Vorgesetzten erwähnt zu haben, sonst nimmt das Unglück seinen Lauf.

Die Manager-Oma ist die klassische Einmischerin

Nur was sie tut und denkt, ist recht. Sie scheut auch nicht davor zurück, Möbel umzuräumen, wenn sie allein in der Wohnung ist. Wenn die *Manager-Oma* finanziell gut dasteht, hat sie ein weiteres Erpressungsmittel in der Hand. Sie zahlt, aber nur wenn es nach ihrer Nase geht. Sie zahlt die Fliesen oder was gerade auf dem Bau benötigt wird, aber nur, wenn sie es aussuchen darf. Sie wird sich finanziell am Kauf oder Bau einer Immobilie beteiligen, aber nur, wenn es für sie eine Wohnung darin gibt. Sich in einer Seniorenanlage einzukaufen, fiele ihr nicht im Traum ein.

Kontrollfreak, denn sie hat ja jetzt Zeit

Die *Manager-Oma* ist ein Kontrollfreak. »Weißt du eigentlich, was du jetzt machen müsstest, was du jetzt brauchst, was jetzt angesagt ist?« oder ähnliche Fragen, so beginnt ein Kontrollfreak ein Gespräch. Diese Verhörmethode treibt das Gegenüber in die Enge und stellt es mit dem Rücken an die Wand. Natürlich wissen Sohn oder Tochter nicht, was Oma meint und schon hat sie ihre Unentbehrlichkeit mal wieder unter Beweis gestellt: Gut, dass die Kinder sie haben, sonst würde wirkich alles den Bach runtergehen.

Ängstlicher Schatten

Die *Manager-Oma* hat eigentlich Angst. Angst vor dem Verlassenwerden, dem Alleinsein, dem mit Sich-Alleinsein, der Einsamkeit. Die *Manager-Oma* hat Sorge, dass in ihrem Leben eine Lücke entstehen könnte. Was soll bloß werden, wenn sie ganz aufs Altenteil geschoben und ihr keine Aufgabe mehr gegeben wird? Was die Familie oft als erdrückend und lästig empfinden mag, sehen Außenstehende voller Neid: Wer hat noch eine Oma zu bieten, die daheim den Laden schmeißt? Die Kehrseite dieser Medaille sehen nur wenige. Die *Manager-Oma* hat nie gelernt, ihre Kinder in die eigene Verantwortung zu entlassen. Sie sollten nicht erwachsen werden, weil die *Manager-Oma* sonst ihrer Hauptaufgabe beraubt wird. Sie lässt die Kinder keine Verantwortung tragen und bürdet ihnen dennoch die schlimmste falsche Verantwortung auf, die es gibt: Nämlich die Verantwortung für Omas Wohlergehen. Oma will nämlich auch nicht erwachsen werden und so hängen alle aneinander als unheilvolles Konglomerat. Was eine *Manager-Oma* tut, kann in Erpressung enden. Die *Manager-Oma* will nicht vertrauen aus Angst, überflüssig zu sein. Sie hält sich krampfhaft in der ersten Reihe und ist deshalb oft im Wege.

Die *Manager-Oma* ist distanzlos. Sie schreit geradezu danach, ausgenutzt und nicht akzeptiert zu werden. Die *Manager-Oma* muss überall ihre Hand mit im Spiel haben, steckt ständig ihre Nase in alle Angelegenheiten. Sie ist stolz darauf, sich andauernd Sorgen zu machen, kann ohne Sorge nicht leben. Gibt es nichts, worüber sie sich Sorgen machen könnte, macht sie sich darüber Sorgen oder erfindet einen Umstand und macht sich Sorgen.

Treusorgende Seele

Wo eine *Manager-Oma* die Familie regiert, werden die Kinder niemals verwahrlosen, gibt es Ordnung, Pünktlichkeit und

Disziplin wie zu alten Zeiten. Der Kühlschrank ist gefüllt, und wenn Oma das Zeug selber ranschleppen muss, Milch und Brot sind immer vorrätig, die Kochwäsche wird mit 90° und Vorwaschprogramm gewaschen.

In solchen Haushalten gibt es zwar noch Struktur, aber leider nur wenig Freiheit. Selbst die Eltern stehen unter Omas Fuchtel und die Enkel werden sich erst davon befreien, wenn sie im jugendlichen Alter sind und Omas Kräfte nachgelassen haben.

Unheilvolle Verbindung

Es ist ganz leicht, zur *Manager-Oma* zu werden, wenn die erwachsenen Kinder noch zu unreif sind, einen Haushalt zu führen, Enkel zu erziehen etc. Dann hat die Oma leichtes Spiel und die Kinder sind zunächst sogar dankbar für die Hilfe. Doch wenn solche Oma kein Fingerspitzengefühl dafür hat wann es genug ist, wird es Probleme geben.

Einschätzung

Einmischen: Die Manager-Oma nennt es Hilfe oder sagt, sie sei unentbehrlich.

Ignorieren: Selbst wenn an ihrer beständigen Einmischung die Ehe ihrer Kinder zerbrechen würde, Oma würde ignorieren, dass sie ihren Teil dazu beigetragen hat.

Toleranz: Eine Manager-Oma ist null tolerant. Ihre Ansichten, ihre Meinung sind Gesetz.

Respekt: Die Manager-Oma respektiert keine andere Meinung. Verlangt aber, dass man sie respektiert, was den Kindern und Enkeln schwerfällt.

Wohlwollen: Ihr scheinbares Sorgen um das Wohl der Familie ist kein echtes Wohlwollen. Oma ist eine Last, der man nicht wohlwollend begegnen mag. Oma kennt kein Wohlwollen, wie Despoten keines kennen.

2. KÜCHEN-OMA

Wenn alle Künste untergeh'n, die edle Kochkunst bleibt besteh'n

Wer über eine *Küchen-Oma* verfügt, kann sich freuen. Die Weihnachtsplätzchen aus dem hauseigenen Backofen sind ebenso sicher wie selbst gemachte Marmelade, Säfte oder vorgekochte Speisen.

Selbst gemacht, darauf legt die *Küchen-Oma* großen Wert. Nur selbst Gekochtes ist wirkliches Essen und enthält die richtigen Nährstoffe. Für Fastfoodketten hat sie nur Verachtung übrig.

Bei der *Küchen-Oma* versammelt man sich selten im Wohnzimmer. Meistens sitzt die Familie gemütlich in der Küche, während die Küchenoma am Herd steht, brutzelt, kocht oder aufwärmt. Die *Küchen-Oma* ist die personifizierte Gastfreundlichkeit.

Die *Küchen-Oma* läuft zur Hochform auf, wenn sie die ganze Familie bei einem mehrgängigen Menü um den Tisch versammeln kann. »Essen und Trinken hält Leib und Seele zusammen«, das war schon der Leitspruch ihrer Oma, schließlich haben sie damals den Erbseneintopf auch sehr gerne gegessen.

Das ist die Krux dabei: *Die Küchen-Oma* kocht häufig, was schon ihre Eltern gerne aßen und der Opa am liebsten mag: fette, schwere Gerichte. Sie kann nicht verstehen, warum die Enkel Burger essen gehen, anstatt ihren von fetter Mayonnaise glänzenden Kartoffelsalat. Sie schüttelt den Kopf darüber, dass heute alles schnell, schnell gehen muss und bei den Kindern darum eine fertige Pizza in den Ofen kommt, weil man nicht erst warten will, bis der Hefeteig gegangen ist. Doch behält sie ihren Stil unerschütterlich bei: Sie legt saure

Gurken ein, kocht Apfelmus und reibt sich die Hände wund, damit sie Kartoffelklöße zum Einfrieren hat.

Es ist gefährlich, die *Küchen-Oma* nur auf einen Sprung besuchen zu wollen. Selbst einen Schlüssel oder die Medikamente aus der Apotheke abgeben zu wollen, erweisen sich als Falle: Oma schafft es, dich an den Tisch zu setzen. Denn statt, »Wie geht's?« oder »danke« wird sie stets fragen: »Hast du schon was gegessen?« Und solltest du es bejahen, wird sie dir einreden, da ginge immer noch was rein. Um sie nicht zu verärgern, wirst du es beweisen müssen.

Oma selbst aber isst am wenigsten. Ihre Galle macht nicht mehr mit, ihr Magen ist nicht in Ordnung, alte Leute essen nicht viel. Aber der junge Student kann seine WG mit Omas Marmelade erfreuen, die Tochter darauf zählen, dass Oma die Torte backt, die sie ihren Kollegen zum Geburtstag mitzubringen gedenkt. Oma macht den Kartoffelsalat und den Braten für die Festtage.

Blick über den Tellerrand gefällig?

Für die *Küchen-Oma* wäre es wichtig, über den Tellerrand zu schauen. Sie sollte lernbereit sein. Wie kocht man heute? Was essen junge Menschen? Wie bereite ich Gemüse und Rohkost zu? Heute stehen junge Familien, besonders in Großstädten, auf Bio und vegan. Wenn Oma hier mitmischen will, sollte sie sich informieren. Es gibt Kochbücher, Internet und Gespräche mit den jungen Leuten. Statt über das Soja-Zeug zu schimpfen, muss sie um Teilnahme und Respekt bemüht sein.

Küchen-Omas sind eine bedrohte Art

Wenn sie auf dem Laufenden bleibt, ist sie ein Segen für die ganze Familie, denn wer hat heute noch Zeit, ausgiebig Speisen zuzubereiten? Doch sollte sie auch akzeptieren, wenn die eigene Familie gar nicht darauf abfährt. Wenn sie beschließen, auf der Baustelle keine Not-Küche einzurichten, sondern gegebenenfalls Essen bringen zu lassen. Das ist heutzutage ja kein Problem. Das Problem ist, wie beschäftigt man solche Oma am besten? Nur zu kochen um zu kochen, nur am Herd zu stehen, um Zeit totzuschlagen wäre doch nicht sinnvoll. Also muss die *Küchen-Oma* schauen, wo sie ihre Fähigkeiten einbringen kann und wer diese zu schätzen weiß.

In der Kirchengemeinde, bei Vesperkirchen, in Schulen usw. Vielleicht lädt sie sich auch ein paar Leute ein, die mit ihr kochen und genießen und führt so ein eigenständiges, selbstbestimmtes Leben und macht sich unabhängig von ihren Kindern und Enkeln. Mayonnaise ist wirklich ein sehr schlechter Klebstoff. Wenn die Kinder ungesundes Essen dem von *Küchen-Oma* vorziehen, so ist das deren Sache und Verantwortung. Glauben Sie uns, mit dem Alter steigt auch der Schätzwert von Omas Essen.

Einschätzung

Einmischen: Wenn Küchen-Oma aufgrund großmütterlicher Autorität darauf besteht, dass gegessen werden muss, damit nichts verdirbt.

Ignorieren: Wenn Oma die Ernährungsphilosophie der Enkelfamilie ignoriert.

Toleranz: Wenn der Magen mitmacht, kann jeder, vom Enkelkind bis zu den Eltern, Toleranz üben.

Respekt: Küchen-Oma ist der Respekt der Familie sicher. Noch mehr würde man sie respektieren, wenn alles auf Gegenseitigkeit beruhen würde.

Wohlwollen: Ihr ist das Wohlwollen der Familie sicher. Umgekehrt nur, wenn alle brav essen.

Freie Entfaltung in einer freien Welt

Die *Barbie-Oma* ist eine flotte Frau. Wie der gleichnamigen Puppe scheinen auch ihr die Jahre nichts anzuhaben. Wer eine *Barbie-Oma* hat, ist eigentlich zu beneiden. Die *Barbie-Oma* sieht immer gepflegt aus, ist stets modisch gekleidet und führt ein total eigenständiges Leben. Sie mischt sich nicht ein, sie drängt kein Essen auf, weil sie selbst auch nicht kocht. Sie hat einen vollen Terminkalender, in dem Massagetermine, Wellnesswochenenden, Kreuzfahrten, Rommeeabende, Tanztees und viele andere Unternehmungen verzeichnet sind.

Die *Barbie-Oma* ist so mit sich beschäftigt, das sie gar keine Zeit hat für Belehrungen oder Gekeife. Ihr einziger Ärger sind das harte Bett im letzten Urlaub oder die inkompetente Reiseleitung. Kinder und Enkel kommen nicht vor. Fragt man sie auf einer Reise nach ihrer Familie, wird sie wahrheitsgemäß Kinder und Enkel benennen, aber weder ein Bild von ihnen bei sich haben, noch ins Detail gehen.

Die *Barbie-Oma* führt das, was man ein eigenständiges, selbst bestimmtes Leben nennt. Sie wirkt wie Mamas Schwester, hat regelmäßige Termine im Fitnesscenter und bei der Kosmetikerin und einen neuen Freund, an den sie sich aber nicht eng binden will. Zu ihren Enkelkindern hat sie das gleiche Verhältnis wie zu ihren guten Bekannten. Sie ist nett zu ihnen, aber nicht sehr emotional. Sie will noch etwas vom Leben haben und wird darum weder manchmal einhüten noch sich regelmäßig dazu verdonnern lassen. Ihre Freiheit geht ihr über alles.

Nichts vermisst und nichts verloren

Daher wird die *Barbie-Oma* nicht zur Stelle sein, wenn die Kinder sie auf der Baustelle brauchen, sondern darauf bestehen, dass sie vom Flughafen oder Bahnhof abgeholt wird, Baustelle hin oder her. Die *Barbie-Oma* ist leider ein bisschen oberflächlich und selbstsüchtig. Sie will weder von den Kindern deren Sorgen hören noch helfen. Sie will leben.

So ein Lebensstil ist perfekt für eine alleinstehende Dame ohne familiäre Verpflichtungen, nicht aber für eine Großmutter. Doch ist die *Barbie-Oma* so eingefahren in ihren Verhältnissen, dass eine erzwungene Veränderung nichts bringen würde. Meistens sind solche Omas viel zu ungeschickt für Haushalt oder Kinderbetreuung. Bleibt nur zu hoffen, dass sie bei ihrer Familie stets eine offene Tür und viel Verständnis findet.

Von der Barbie-Oma lernen heißt leben lernen

Selbst von dieser Frau können sich andere Omas noch etwas abschauen: Sie lebt selbstbestimmt und hängt sich nicht wie eine Klette an ihre Kinder und Enkel. Daher ist ihre stets kurze Anwesenheit auch immer ein kleines Ereignis. Das mit dem eigenständigen Leben könnte ein Vorbild für andere Omas sein.

Diese Oma ist eine Narzisstin

Auf den ersten, oberflächlichen Blick wirken Narzissten sehr kontaktfreudig und sozial. Man kommt zunächst leicht mit ihnen ins Gespräch, was sie dann allerdings sofort an sich ziehen. Sie machen sich zum Mittelpunkt und das Gegenüber wird nur noch als Stichwortgeber gebraucht. Einwände, Gesprächsansätze werden bagatellisiert oder einfach weggewischt.

Ein Narzisst wird keine Empathie zeigen. Hat die Tochter, während Oma auf Kreuzfahrt war, eine Fehlgeburt erlitten, sagt Oma nur: »Du bist ja noch so jung, du kannst noch viele Kinder kriegen«, oder: »Sei froh, du wirst doch schon mit deinen beiden nicht fertig.« Und dann beginnt sie zu erzählen, wie furchtbar vor 25 Jahren ihre Wurzelbehandlung beim Zahnarzt war.

Einschätzung

Einmischen: Die Barbie-Oma mischt sich nicht ein, weil sie sich nicht für die Familie interessiert.

Ignorieren: Sie blendet alles aus, was außerhalb ihrer Welt und ihren Plänen existiert.

Toleranz: Ihr Lebensstil verlangt von der Enkelfamilie enorm viel Toleranz.

Respekt: Die Barbie-Oma respektiert nur sich und ihren Stil. Von Seiten der Kinder ist es mehr eine Duldung.

Wohlwollen: Beide Seiten sind sich herzlich egal. Wenn die Barbie-Oma in die Jahre kommt, in denen sie auf Hilfe angewiesen sein wird, muss sie sich wohl einen Platz im Seniorenheim kaufen. Denn sie hat es zu verantworten, dass sich beide Seiten fremd geworden sind.

Fachfrau für Geborgenheit

Die *Be-Schirm-Oma* ist die klassische Stubenhockerin. Bei ihr ist es immer warm und gemütlich. Daheim ist es am schönsten, lautet ihre Devise. Darum hat sie überhaupt kein Verständnis dafür, wenn Enkelkinder auf Weltreise gehen, Abenteuer erleben wollen. Wo man doch alle Informationen und Eindrücke auch über den Fernseher und die Zeitung bekommen kann.

Isolation als Lebensprinzip

Ihr Lebensinhalt ist und war schon immer die Familie. Bekannte und Kollegen erleben sie als aufopfernden Familienmenschen, der alles für Mann, Kinder und Enkel tut. Bis zur Lächerlichkeit hin wird der Mann umsorgt, die Enkelkinder verhätschelt und selbst Sohn oder Tochter mit den Partnern können sich ihrer Fürsorge nur schlecht erwehren.

Höhlenprinzip

Außerhalb ihrer vier Wände schwant ihr immer Unheil. Die *Be-Schirm-Oma* hat ein übersteigertes Verlangen nach der Geborgenheit und Sicherheit, die es nur daheim gibt. Was sie braucht, brauchen die andern schon lange, meint sie. Darum verkriecht sie sich am allerliebsten in ihren eigenen vier Wänden. Tür zu und die böse Welt bleibt ausgesperrt.

Zusammenhalt als Gegengift

Die Familie muss doch zusammenhalten, beschwichtigt sie den Sohn, wenn der seinen Sprössling ins Gebet nimmt wegen Ärger mit der Schule. Sie geht dazwischen, weil sie es nicht haben kann, wenn jemand ihre Kinder oder Enkel kritisiert. Da ist sie unverbesserlich parteiisch. Sie glaubt den Enkeln, wenn die ihre einseitige Sicht erläutern. Sie wird nie eine kritische Frage stellen oder sich um Objektivität bemühen. Schuld sind immer die andern. Nur wenn die Familie zusammenhält, kann sie dem Feind von außen Paroli bieten.

Gemütlichkeit kontra Konflikte

Wenn die Enkelkinder kommen, lässt sie alles stehen und liegen und widmet sich voll und ganz ihnen. Ihre Enkelkinder besuchen sie gerne. Denn bei Oma bekommen sie immer Recht, egal, was vorgefallen ist. Sie können sich alles von der Seele reden. Oma wird niemals die kindliche Sicht der Dinge hinterfragen und ihnen niemals ihren Teil der Schuld am Konflikt aufbürden. Oma lebt ein Opfer-Weltbild. Ihre Familie ist das Opfer anderer Menschen. Die Kinder waren frech? Dann gibt es dafür eine Erklärung, wenn die andern das nicht getan hätten, hätten sie nicht so reagieren müssen.

Wenn Oma »süchtig« ist nach Harmonie

Be-Schirm-Omas leben in permanenter Sorge, nicht geliebt zu werden, wenn sie eine andere Meinung vertreten. Daher sind sie unerhört konfliktscheu und wollen ihrem Umfeld gefällig sein. Ihre Sehnsucht nach Frieden hat eine übertriebene Anpassung zur Folge.

Vorsicht vor der Schirm-Oma

Be-Schirm-Omas haben noch eine andere, sehr gefährliche Seite: *Be-Schirm-Omas* ertragen keine Fehler. Alles, was ihre Kinder oder Enkel falsch machen, wird uminterpretiert, übersehen, beschönigt oder beschwichtigt. *Be-Schirm-Oma* ist nämlich überzeugt, dass ihre Familie nichts Falsches tut. Wer Kindern, Enkeln oder dem Partner dennoch einen Fehler nachweist, wird unerbittlich zum Feind erklärt und seine Fehler übergroß dargestellt. *Be-Schirm-Oma* ist aber ebenso unerbittlich, wenn sie bei andern Zeitgenossen einen Fehler entdeckt. Wie ein Ankläger nimmt sie das Fehlverhalten auseinander und spricht auch gleich das Urteil darüber. Was aber sie und ihre

Sippe angeht, gehört das Wort *Fehler* zu den *No goes*. Eigene Fehler sieht ihr Weltbild nicht vor.

Wer keine Fehler machen darf, ist zu bedauern

Dass Fehler zum menschlichen Leben gehören, hat *Be-Schirm-Oma* verdrängt, denn für sie sind Fehler etwas Ehrenrühriges und Peinliches. Dass Fehler zur charakterlichen Entwicklung unabdingbar sind, will *Be-Schirm-Oma* nicht wissen, denn nur schlechte Menschen machen ihrer Meinung nach Fehler. In diesem Sinn hat sie ihre Kinder erzogen und wirkt auch entsprechend auf ihre Enkel ein. Daher wird es den Enkeln schwerfallen, mit Kritik umzugehen, denn sie nehmen jeden wohlgemeinten Hinweis gleich persönlich. Auch die leiseste, berechtigte Kritik endet daher in einem Desaster, weil niemand aus ihrer Familie gelernt hat, damit umzugehen.

Ruheinsel, aber mehr nicht

Es tut gut, bei der *Be-Schirm-Oma* mal eine Verschnaufpause einzulegen. Es hilft, einfach mal abschalten zu können inmitten von Gemütlichkeit. Doch einen Konflikt zu lösen, hilft die *Be-Schirm-Oma* letztendlich nicht. Weil zu einer Konfliktlösung auch Einsicht in die eigene Schuld und Kompromissfähigkeit gehören.

Beides hat diese Oma nicht.

Die Eltern sind daher klug beraten, die Konflikte, in die ihre Kinder geraten sind, ohne Omas Meinung zu lösen. Sie müssen die Oma nicht schlecht machen, sondern den Kleinen erklären, dass es Menschen gibt, die keine Konflikte aushalten, geschweige denn lösen wollen. Das macht sie nicht schlechter andern gegenüber. Nur wissen muss man es und damit umgehen können. Wer so eine gemütliche Oma hat, ist nämlich zu beneiden.

Einschätzung

Einmischen: Die Be-Schirm-Oma mischt sich ein, sobald sie Unrecht gegen ihre Familie wittert.

Ignorieren: Die Be-Schirm-Oma ist keinem objektiven Argument zugänglich.

Toleranz: Nur die eigenen Fehler und die ihrer Familie werden toleriert.

Respekt: Kein Respekt gegen andere, sobald die in einen Konflikt mit ihr oder der Familie verwickelt sind.

Wohlwollen: Die Be-Schirm-Oma kennt bei Konflikten keine Gnade gegenüber andern.

5. HYPER(KRE)AKTIV-OMA

Nicht jeder, der an der Nadel hängt, ist verdächtig

Hyper(kre)aktiv-Omas sind nicht etwa drogenabhängig, sondern ganz fleißige Frauen, die (unbewusst) nachhaltig leben. Von Wolle umgeben, stricken und stopfen sie, was das Zeug hält. Sie haben Röntgenaugen, wenn es darum geht, abgerissene Knöpfe zu finden oder Löcher in der Wäsche. Dann sind sie nicht zu bändigen. Wenn die Enkel nicht aufpassen, flicken sie auch die Löcher in ihren Jeans, die sehr viel Geld gekostet haben.

Hyper(kre)aktiv-Omas sind unbezahlbar wertvoll, wenn sie modisch auf dem Laufenden sind

Pfiffige Enkel oder deren Eltern schenken der *Hyper(kre)aktiv-Oma* ein Fachzeitschriften-Abo, damit ihre Strickmuster und das Design wirklich up to date sind. Denn da hapert's bei mancher *Hyper(kre)aktiv-Oma*. Schließlich trugen seinerzeit ihre Kinder auch diese gestrickten Kappenmützen zum Zubinden. Das hielt warm und war praktisch. Warum sollte sich das heute geändert haben? Und diese long beanie-Mützen findet sie sowieso scheußlich.

Kaufen ist manchmal billiger

Es ist ihr nicht egal, wie sie ehrlich zugeben muss, dass gekaufte Mützen viel billiger sind, als selber zu stricken. Es tut weh, ansehen zu müssen, dass die gute alte Handarbeit hierzulande sich kostentechnisch gesehen nicht mehr rentiert. Tief im Inneren weiß die *Hyper-(kre)aktiv-Oma* das auch. Doch kann sie es nicht lassen, ihre Hände brauchen die Strick-, Stopf-, oder Nähnadel zwischen den Fingern. Sie nutzt jede Gelegenheit, billige Wolle zu ergattern. Wenn sie dann inmitten dieser Pracht thront und die Nadeln fröhlich klappern, ist sie sich schon im Klaren darüber, dass ihre Handarbeit eigentlich unbezahlbar ist.

Sinnvoll muss es sein

Hyper(kre)aktiv-Oma reagiert sehr beleidigt, wenn sich ihre Enkel beim Billigmarkt eine Zweieuromütze kaufen, weil die moderner aussieht. Sie fühlt sich brüskiert, denn wozu sitzt sie Tag und Nacht bei zwei rechts, zwei links, einen Umschlag, abstricken? Doch für die Familie! Solche Mühe hat sie sich gegeben und niemand achtet es, unerhört ist das, jawohl! Viele Eltern werden darum ihre Kinder zwingen, diese Mütze, die eigentlich nicht sehr modisch aussieht, aufzusetzen. Das birgt Konfliktstoff für daheim.

Erziehung zur Heuchelei

Unter dem Deckmantel von: Um des lieben Friedens willlen, oder: mach ihr doch einfach die Freude, müssen dann manche Enkelkinder mit ihrer Meinung hinterm Berg halten und so tun als ob. Als ob sie den kratzigen Pullover über alles lieben, sich von der unmöglichen Mütze gar nicht mehr trennen mögen. Alles, damit Oma Ruhe gibt. Wenn man Oma besuchen geht, setzt man eben eine ihrer gestrickten Mützen auf oder bindet einen von ihren Schals um den Hals. Kommt Oma überraschend, wird jemand aus der Familie ganz diskret Schals und Mützen von der Garderobe gegen Omas Gestricktes austauschen, damit Oma nicht schimpfen muss.

Die Hyper(kre)aktiv-Oma wird gebraucht wie nie

Omas die stricken, sind inzwischen eine Rarität. Wer eine Oma hat, die nicht nur strickt um des Strickens willen, sondern auf der Höhe der Zeit ist und moderne Farben und Formen berücksichtigt, kann sich glücklich schätzen.

Denn Selbstgemachtes, egal ob gestrickt, genäht, gehäkelt oder sonst wie ist aller Bekleidung von der Stange vorzuziehen. Es hebt den Träger aus der grauen Masse der von Modeketten zurechtgemachten Konsumenten nicht nur angenehm ab, sondern gibt ihm noch das gewisse Etwas, macht ihn unverwechselbar, zu einem Individuum, ob Vater, Mutter oder Kinder.

Das kann man doch alles selber machen

Damit hat die *Hyper(kre)aktiv-Oma* nicht Unrecht. Man kann sehr vieles selber machen: Sich Tischdecken nähen und Regale bauen, Marmelade kochen und Tee sammeln.

Nichts gegen das Prinzip, Salat grundsätzlich im eigenen Frühbeet zu ziehen oder Mäntel stets selbst zu schneidern. Wird dieses Prinzip zum Mantra erhoben, einem Muss für alle, wird's problematisch. Nicht jeder kann nähen und nicht jeder hat Muße zum Marmeladekochen. Dafür gibt's Märkte, Kaufhäuser und das Internet, wo bequem all die Dinge erworben werden können, die man nicht selber herstellen kann oder will. Es ist keine Schande, wenn die Enkelfamilie solchen Lebensstil wählt. *Hyper(kre)aktiv-Oma* kann gerne ihre Knabberchips im Backofen bräunen, die Familie wird sie sich aus dem Supermarkt holen. Solange Oma ihren Lebensstil nicht als lebendigen Vorwurf lebt, darf sie Papier schöpfen, Stoff bemalen, Weihnachts- und Osterkarten selbst gestalten und noch viele kreative Dinge mehr tun. Sind die Enkel interessiert, schön für Oma, sind sie es nicht, darf Oma ihnen keinen Vorwurf machen. Wenn sie all das nur tut, um selbst im Mittelpunkt zu stehen, ist es eine verfehlte Investition.

Wenn die Hyper(kre)aktiv-Oma abhängig ist

Wenn *Hyper(kre)aktiv-Oma* nur strickt, bastelt oder Blumen steckt, damit die Zeit vergeht, weil all das für sie wie eine Sucht ist, wird es zu Konflikten führen. Denn damit zwingt sie ihre Familie in die Verantwortung, sich um Omas Wohlergehen zu kümmern. Sie schafft ungesunde Abhängigkeiten, sie macht andern ein schlechtes Gewissen wegen ein paar Handschuhen. Den Sinn für ihr Tun muss ihr die Familie liefern, ob sie will oder nicht.

Kreative Hobbys aufgeben? Niemals, aber ein weiteres Ziel dafür suchen!

Was tun, wenn die eigene Familie die gestrickten Pullover nicht trägt, die Mützen vom letzten Jahr noch passen und der Schal sowieso nur herumliegt? Stricknadeln beiseitelegen? Mitnichten! Vielleicht gibt es jemanden, dessen Einfluss auf die *Hyper(kre)aktiv-Oma* so gravierend ist, dass er es schafft, ihren Blick weg von der Familie zu lenken. Nach draußen, dorthin, wo es wirklich Bedürftige gibt, die nicht mal die zwei Euro für eine Billig-Mütze haben. Die sich echt freuen würden, ein selbst gestricktes Stück ihr Eigen zu nennen. Arme, Obdachlose und neuerdings viele Flüchtlinge in unserm Land dankten es der *Hyper(kre)aktiv-Oma*, wenn sie ihnen Schals und Handschuhe vorbei brächte. Das wäre ein ganz neuer Aspekt von *Gebrauchtwerden*. Gebrauchtwerden aber wollen *Hyper-(kre)aktiv-Omas* gerne.

Einschätzung

Einmischen: Ja, wenn die Hyper(kre)aktiv-Oma Kindern und Enkeln aufzwingt, was sie anzuziehen haben.

Ignorieren: Die Konsumwelt außerhalb. Dass es z. B. Gestricktes für Peanuts zu kaufen gibt.

Toleranz: Bei Stricksachen und anderem Selbstgemachten hat sie null Toleranz gegenüber Gekauftem.

Respekt: Die Hyper(kre)aktiv-Oma erwartet, dass ihr Fleiß und ihre Emsigkeit respektiert werden.

Wohlwollen: Sie verlangt der Enkelfamilie viel Wohlwollen ab, viel Akzeptanz.

Was haben Detektiv-Omas und Nobelpreisträger gemeinsam?

Neugierde ist der Treibstoff, durch den unsere Welt vorwärtskommt. Nur neugierige Menschen machen Erfindungen, schreiben Bücher, malen Bilder, kreieren Gerichte. Neugierde sollte kreativ machen, ebenso fröhlich, tolerant und weltoffen. Etwas genau wissen wollen, den Dingen auf den Grund gehen, sich nicht mit Dagewesenem zufrieden geben, weiter wollen, mehr erfahren, unruhig bleiben, bis auch das letzte Rätsel gelöst ist – all das zeichnet wirklich neugierige Menschen aus.

Amerika wäre noch immer unentdeckt, wir hätten keine Autos, von Handys ganz zu schweigen, hätte es nicht neugierige Menschen gegeben hätte, deren sehnlichster Wunsch war, zu sehen, ob es hinterm Horizont noch weitergehen könnte. Mit Horizont ist hier nicht nur das scheinbare Zusammenstoßen von Himmel und Erde ganz weit hinten gemeint. Unser geistiger Horizont kann manchmal viel enger sein, oder weiter, je nachdem. Mögen dem geographischen Horizont auch manchmal Grenzen gesetzt sein, der geistige kann ständig erweitert werden, unabhängig vom Intelligenzquotienten. Neugierde ist wie gesagt, der Treibstoff dafür.

»Bleiben Sie schön neugierig!«
sagte Hans-Joachim Wolfram seinerzeit bei der Abmoderation der vom MDR ausgestrahlten Sendung *Außenseiter-Spitzenreiter*. Eine Sendung, bei der Zuschauer ihre neugierigen Fragen loswerden konnten. Fragen wie: Wer hat die meisten Plüschteddys oder Rasenmäher?

Neugierde ist eine entscheidende Voraussetzung für den Beruf eines Detektivs. Denn er muss die Neugierde seiner

Kunden mit Fakten befriedigen. Geht der Mann fremd? Was macht die Frau wirklich an diesem Wochenende? Stimmt es, dass der Kunde nicht zahlen kann?

Wenn Neugierde zur Manie wird

Es gibt aber auch die andere Seite der Neugierde. Neu-Gier. Wer gierig ist auf Neues, ist nicht kreativ im positiven Sinn. Gier ist in solchem Fall sehr von Übel. Wer gierig ist auf Klatsch und Tratsch, wird alle Regeln außer Acht lassen, sich und andere in Gefahr bringen.

Neugierig mit Butter beschmiert

So bezeichneten wir früher neugierige Spielkameraden, die uns pausenlos mit wer? was? warum? nervten. Genauso kindlich penetrant ist *Detektiv-Omas* Neugierde. Wenn die Enkelin so ganz nebenbei erwähnt, sie habe kaum Zeit, weil sie sich nachher noch mit Freunden treffe, wird *Detektiv-Oma* sie nicht aus dem Haus lassen, bevor sie ihr nicht sämtliche Namen entlockt hat. Natürlich legt *Detektiv-Oma* wert auf vollständige Angaben, also Zuname, wohnhaft, was machen eigentlich die Eltern so beruflich. Unvollständige oder nach ihrer Meinung unlogische Angaben vervollständigt sie nach eigenem Gusto. Besonders daraus bastelt sie sich dann Tatsachen, die in Wirklichkeit keine sind.

Wenn sie alles für sich behielte, könnte es der Rest der Familie ja als eine liebenswerte Marotte verkraften. Doch leider werden derartige Halbwahrheiten in oberflächlichen Gesprächen als Wissensvorsprung präsentiert.

Klatschbasen haftet was Schmutziges an

Im Theaterstück *Tratsch im Treppenhaus* von Jens Exler spielte einst die legendäre Heidi Kabel im Hamburger *Ohnsorg-Theater* die Rolle der Frau Boldt, die jeden im Mietshaus aushorcht, falsche Schlüsse zieht, alles weiter tratscht und natürlich viel Verwirrung stiftet.

So in etwa handelt die *Detektiv-Oma*. Die *Detektiv-Oma* holt aus jedem alles raus. Sie erfährt zuerst von der Schwangerschaft der Enkelin, bei ihr verplappert sich die Tochter und Oma weiß Bescheid über die Ehekrise. Die *Detektiv-Oma* hat etwas Magisches an sich, das jedem sein Geheimnis entlockt. Sie ist freundlich, lieb, aufgeschlossen, schafft Vertrauensatmosphäre. Man fühlt sich wohl bei ihr, hat endlich ein Nest gefunden und beginnt zu plaudern, worüber man sich hinterher sehr ärgern muss, weil Oma natürlich kein Geheimnis für sich behalten kann.

Unvoreingenommenheit oder Neutralität sind nicht ihre Stärke. Wenn sie glaubt, dass der Schwiegersohn faul ist, dann wird sie alles, was sie über ihn hört, in diese Schablone einpassen. Selbst wenn sie Lobenswertes über ihn hört, wird sie das Gehörte entsprechend uminterpretieren.

Von der Klatschbase zur Intrigantin ist nur ein kleiner Schritt

Die *Detektiv Oma*, man könnte sie auch als Klatsch- und Tratsch Oma bezeichnen, hat ein loses Mundwerk, null Toleranz und ist sehr egoistisch. Sie fragt nicht aus, um zu helfen, sondern um ihr Ego zu befriedigen. Klatsch und Tratsch aber haben noch nie Gutes gebracht und schon viel Unheil angerichtet.

Durch ihr Gerede kann es viel böses Blut geben, sie schürt Intrigen und stiftet Unfrieden.

Noch schlimmer: Rufmord

Wer seinen Mund nicht halten kann, ist oft die Quelle für Gerüchte, Klatsch und Tratsch. Denn die Grenze zwischen Dichtung und Wahrheit wird allmählich so fließend, dass auch das Gefühl für Ehrlichkeit und Lüge allmählich verlorengehen kann. Was ich nicht genau weiß, reime ich mir eben auf meine Art zusammen, sagt sich die *Detektiv-Oma* und behauptet einfach dieses oder jenes und richtet manchmal wirklich Schlimmes damit an. Der Tatbestand des Rufmordes ist erfüllt, wenn Oma unbekümmert Fakten von sich gibt, die jeder Grundlage entbehren. Dann ist es nicht mehr lustig und schon gar kein liebenswürdiger Oma-Fehler mehr. Dann ist die *Detektiv-Oma* eine boshafte alte Frau, die man tunlichst meiden sollte.

Der persönliche Giftschrank

Wer Klatsch und Tratsch verbreitet, versprüht Gift. Das muss hier mal ganz klar gesagt werden. Gift kann unter Umständen tödlich sein, oft schädigt es aber auch »nur« in verschiedenen Graden. Es ist wie mit dem Internet, was einmal in die Welt gesetzt wurde, ist schwerlich zu löschen, kann kaum dementiert werden oder durch richtige Tatsachen ersetzt. Dieses Gift ist geeignet, ganze Familien zu zerstören.

Einschätzung

Einmischen: Die Detektiv-Oma mischt sich durch Ausfragen in alles ein.

Ignorieren: Ignoriert wird nur, wer Auskunft verweigert.

Toleranz: Bei allen Informationen kennt die Detektiv-Oma nur einen Maßstab – ihren eigenen.

Respekt: Oma bekommt keinen Respekt, denn auch sie respektiert keinen.

Wohlwollen: Die Akzeptanz durch die Enkelfamilie schwankt zwischen Wohlwollen und auch Ärger, je nachdem, was Oma durch ihre Aushorcherei mal wieder angerichtet hat.

Das Phänomen kennt viele Namen

Griesgram, Miesepeter, Muffelkopp, Spaßbremse – und Sauertopf, um nur einige zu nennen. Alles Charakteristika für Menschen, zu denen man am liebsten auf Abstand geht, Menschen, mit denen man freiwillig keine Zeit verbringen möchte, es sei denn, sie gehören zur Familie, wie die *Energiesauger-Oma*. Solche Negativ-Menschen verderben auch der fröhlichsten Runde die gute Laune, als hätte man eine schwarze Tintenpatrone ins Aquarium entleert. Das Wasser wird trüb. Sie sind Partykiller und Spaßbremsen, ein normaler Umgang ist unmöglich.

... dann bin ich eben eingeschnappt

Bei der *Energiesauger-Oma* muss alles nach ihrer Nase gehen. Sie ist grundsätzlich ganz schnell eingeschnappt und lebt nach der Devise: sowas muss man wissen, das muss man fühlen. Mit »man« meint sie ihre Kinder und Enkel. Die müssen ihrer Meinung nach wissen, dass ihr daran gelegen ist, dass sich alle versammeln, wenn sich Opas Todestag jährt. Sie sollten fühlen, dass Oma es gar nicht mag, wenn am Geburtstag des Sohnes auch seine Freunde und Kollegen zur Gartenparty eingeladen sind. Die *Energiesauger-Oma* weiß nämlich, »was sich gehört«. Ihr Fokus ist auf darauf ausgerichtet, was die Leute von ihr denken könnten. Schert ein Familienmitglied aus ihrem erdachten Kodex aus, scheint das ein Beweis mangelnden Respekts gegen sie. Respekt verlangt sie. Darauf besteht sie.

Beleidigtsein als Dauerzustand

Die *Energiesauger-Oma* hat für sich eine heile Welt geschaffen. Ihre Kinder und Enkel sollen nach ihrem Weltbild wie aus dem Musterbuch geraten sein, tadellos und makellos. So ein Bild vermittelt sie auch Verwandten und Bekannten. Und wenn die Familie dem nicht entspricht, nimmt sie es als persönlichen Affront. Dass Umstände, persönliche Schwächen oder anderes solche gewollte Makellosigkeit trüben könnten, lässt sie nicht gelten und wirft den Kindern stattdessen mangelnden Willen vor.

Wenn »man« will, dann kann »man«

Die *Energiesauger-Oma* ist streng und kennt keinerlei Toleranz. Dass das Leben an sich nun mal kein Idealzustand ist, sieht Oma als persönliche Kränkung und flüchtet sich ins Beleidigtsein als Dauerzustand: alle sind gegen sie. Gründe findet sie genug und versucht auf diese Weise, Zwang auf ihre Kinder auszuüben. Damit es nach ihrer Nase und ihrer Fasson geht. Die *Energiesauger-Oma* ist eine unbewegliche Egoistin, die durch ihre Prinzipien vor andern das Trugbild einer perfekten Person zu malen versucht, indem sie deren Blick geschickt von sich weg auf die schlimme Enkelfamilie lenkt. Dass die Familie zur Zeit viel auf die Baustelle muss, ist ihr egal.

Energiesauger sind ständige Opfer, aus Prinzip

Energiesauger übernehmen nie die Verantwortung, weil sie ja immer Opfer der Umstände sind. Anfangs ist man noch geneigt, diesen bemitleidenswerten Geschöpfen zu helfen. Man will Omilein wirklich alles recht machen, verschiebt Termine, hilft ihr, wo man kann, erkundigt sich täglich wenigstens telefonisch, nach ihrem werten Befinden und muss schließlich feststellen, dass es nicht reicht. Es reicht nie. Immer fehlt noch was, immer noch gibt es einen Umstand, der sie unzufrieden macht und zum Jammern bringt, bis man es schließlich aufgibt.

Wenn eine immer vom Schlimmsten ausgeht

Die *Energiesauger-Oma* hat sich für eine dunkelschwarze Brille entschieden. Ihre Antennen sind auf schlechte Erfahrungen ausgerichtet. Und die gibt es zur Genüge. Genauso übrigens, wie gute Erfahrung oder Ereignisse, die andere Menschen froh und dankbar stimmen und ihnen Ansporn für Optimismus und Frohsinn sind.

So etwas aber nimmt die *Energiesauger-Oma* gar nicht wahr. Sie hat sich dafür entschieden, im Dreck zu wühlen und Schlamm aufzurühren. Mit Gutem und Aufbauendem könnte sie gar nichts anfangen. Wie denn auch, wenn so eine jedem misstraut und auf Enttäuschungen spezialisiert ist.

Einschätzung

Einmischen: Die Energiesauger-Oma lebt defensiv. Bei ihr muss man immer raten, was ihr wohl jetzt wieder nicht passt, wo man einen Fehler gemacht haben könnte. Sie mischt sich nicht offensiv ein, dennoch liegt ihre miese Laune wie ein unheilvoller Schleier über der Familie. Wenn sie unsichere Kinder hat, werden diese in ihrer Lebensführung gehemmt, weil sie sich ständig Gedanken über Oma machen müssen. Das ist auch eine Form von Einmischung. Wenn sie sehr selbstständige Kinder hat, lassen die sich nicht beeinflussen und Oma ist bald nur noch eine Randfigur.

Ignorieren: Auch wenn es so aussieht, als würde Oma die andern ignorieren in ihrer Egozentrik, dem ist nicht so. Sie will durch ihr Verhalten ja unbedingt ein Echo erzwingen. Will gesteigerte Aufmerksamkeit. Aber Oma ignoriert die Bedürfnisse und Probleme der Enkelfamilie, weil sie nur mit sich beschäftigt ist.

Toleranz: Die Energiesauger-Oma verlangt der Enkelfamilie ein Übermaß an Toleranz ab.

Respekt: Oma bekommt keinen Respekt, sondern nur ein Maß an Pflichterfüllung. »Kennst doch meine Mutter«, seufzt der Sohn, »was sollen wir machen, sie gehört nun mal zur Familie«, klagt die Tochter.

Wohlwollen: Die Energiesauger-Oma ist viel zu sehr gefangen in ihrem unheilvollen Kreislauf, als dass sie wohlwollend gegenüber anderen sein könnte. Sie stellt ihre Kinder täglich auf eine harte Probe.

Lückenspringer werden nur in Notfällen gerufen. Genauso verhält es sich mit der *Lückenspringer-Oma*. Die wird erst wichtig, wenn »Holland in Not« ist. Das Kind erkrankt und Mama oder Papa unabkömmlich in der Arbeit, der Handwerker kommt und niemand ist daheim, die Kleine muss zur Musikschule. Die *Lückenspringer-Oma* ist zuverlässig immer da, wenn sie gebraucht wird. Wer eine *Lückenspringer-Oma* hat, kann eigentlich froh sein. Aber nur eigentlich.

Warum tun sie das?

Vielleicht fühlt sich die *Lückenspringer-Oma* dazu ver-pflichtet. Im schlimmsten Fall sind es irgendwelche Schuldgefühle, die sie mit ihrer ständigen Bereitschaft abtragen möchte. Hat sie vielleicht ihre Kinder, als die damals klein waren, oft sich selbst überlassen müssen? Oder hätte sie sich früher gewünscht, dass ihre eigene Mutter öfter mal geholfen hättee? Doch hat die dankend abgelehnt? Deshalb handelt *Lückenspringer-Oma* nach der Maxime: wenn meine eigene Mutter mir damals so geholfen hätte, wie wäre ich froh gewesen und hofft deswegen auf ein entsprechendes Echo ihrer Kinder. Darum ist das Bauvorhaben der Familie für sie ein glücklicher Umstand, denn jetzt kann sie ihre Flexibilität und Einsatzbereitschaft voll unter Beweis stellen.

Omas mit Helfersyndrom sind nicht ganz ohne

Menschen wie die *Lückenspringer-Oma* haben gemeinhin das sogenannte *Helfersyndrom*. Oder wäre es besser zu sagen, sie leiden unter dem Helfersyndrom? Menschen mit Helfersyndrom helfen oft über die eigenen Kräfte und jegliches Maß hinaus, zur Vewunderung aller. Die Angst, nicht gebraucht zu werden, treibt sie an und die Bewunderung ihres Umfeldes. Zu den Bewunderern zählen meistens nicht die eigenen

Kinder und Enkel, sondern Freunde, Bekannte oder andere Familienmitglieder, wie *Lückenspringer-Omas* Geschwister. Ihre Selbstaufopferung bekommt allmählich märtyrerhafte Züge und gibt ihr das Gefühl, etwas ganz Besonderes zu sein. Omas mit Helfersyndrom haben ein nicht erfülltes Bedürfnis nach Zugehörigkeit und Bestätigung ihres Eigenwertes.

Balance halten

Die *Lückenspringer-Oma* kennt ihren Wert. Sie weiß, dass sie unentbehrlich ist, und lässt keine Gelegenheit aus, das auch zu betonen. Das ist der fade Beigeschmack bei der ganzen Sache. Alle Hilfe wird von einem Lamento begleitet: »Was würdet ihr wohl ohne mich tun?« Sie lässt alles stehen und liegen, wenn die Enkelfamilie ruft, schimpft dabei aber wie ein Rohrspatz. Unausgewogenheit ist das Hauptproblem der *Lückenspringer-Oma*. Weil die Balance zwischen Geben und Nehmen fehlt, ist sie bei all ihrem Einsatz, ihrer Hilfsbereitschaft, ihren Opfern dennoch unzufrieden und droht zu verbittern.

Was tun?

Die *Lückenspringer-Oma* hat nie im Leben gelernt, nein zu sagen. Ihre Eigenständigkeit ist nicht wirklich echt. Eigentlich möchte sie ja ein selbstbestimmtes Leben führen, aber weil sie viel Gewinn aus dem Gebrauchtwerden schöpft, sind ihre Versuche, auf eigenen Beinen zu stehen, halbherzig. Deshalb kann sie nicht konsequent nein sagen und hat ja für alles Verständnis. Darum ist diese Oma sehr in Gefahr, ausgenutzt zu werden. Sie merkt es zwar, aber sie kann und will sich nicht wehren.

Lückenspringer-Omas bekommen von den Kindern die Verantwortung für deren Leben und das Leben der Enkel aufgebürdet. »Was wird mein Chef sagen, wenn ich schon wieder fehle?«, »wie stehe ich vor den andern da?« Man kann solcher Oma die Verantwortung für die Welt aufbürden und sie wird sie zu tragen versuchen, weil sie glaubt, gute Omas handeln so. Ihr Gekeife nehmen alle in kauf, solange *Lückenspringer-Oma* stets einspringt.

Vom Lückenspringer zum Lückenbüßer ist es nicht weit

Was als außerordentliche Aufopferung beginnt, kann in Ausnutzung und Geringschätzung enden. *Lückenspringer-Omas* stehen in der Gefahr, sich Kinder und Enkel heranzuziehen, die immer gedankenloser werden und Oma schlimmer wie eine Hausangestellte behandeln. Mit der *Lückenspringer-Oma* werden keine Absprachen getroffen, sie wird stets spontan gerufen. Weil Oma ja bereitwillig den Rücken hinhält, wenn die Kinder ihr die Verantwortung für eventuelle Folgen einer eventuellen Verweigerung aufbürden wollen, wird sie sehr manipulierbar und bekommt den Rang eines Haushundes: Gerufen, wenn er gebraucht wird, kusch, in die Ecke befohlen, wenn er stört.

Wie kommt die Lückenspringer-Oma da wieder heraus?

Die *Lückenspringer-Oma* muss dringend an ihrem »Sprachfehler«, nicht nein sagen zu können, arbeiten. Aber das allein reicht nicht. Es wäre fast pubertär albern, einfach nur so nein zu sagen und auch wenig glaubhaft.

Lückenspringer-Oma muss lernen, ein eigenes Leben zu führen, muss sich frei machen von der ungesunden Bindung an die Enkelfamilie. Sie muss daran arbeiten, nicht ständig abrufbereit sein zu müssen, denn sie ist kein Notdienst. Auch muss die *Lückenspringer-Oma* lernen, sich selbst wieder wahrzunehmen. *Achtsamkeit* heißt das aktuelle Wort dafür. Auf sich und seinen Gesundheitszustand zu achten ist wichtiger, als viele wahrhaben mögen.

Lückenspringer-Omas müssen auch lernen, dass andere es ebenso gut können wie sie. Sollte die Tochter bei einer Verweigerung drohen, dass sie sich dann ein Au-Pairmädchen oder

Hilfe von nebenan holt, sollte *Lückenspringer-Oma* nicht hektisch abwiegeln, sondern es zulassen.

Lückenspringer-Omas dürfen lernen, Hilfeleistungen, die ihnen nicht als eindeutig nötig erscheinen, zu unterlassen. Sie dürfen lernen, sich vom Klagen und Jammern der Kinder nicht beeinflussen zu lassen. Sie dürfen lernen, dass sie trotzdem kein egoistischer Mensch geworden sind.

Hilfsbereitschaft oder Aufopferung?

Lückenspringer-Omas sollten den Unterschied zwischen Hilfsbereitschaft und Aufopferung kennen. Sie sollten offen sein für Hinweise aus ihrem Umfeld, von Freunden, Bekannten, Arbeitskollegen oder Familienmitgliedern und bereit, gravierende Veränderungen vorzunehmen. *Lückenspringer-Omas* sollten die Angst ablegen, dass sich bei einer Verweigerung die Enkelfamilie von ihnen abwendet. Das wird in den meisten Fällen nicht geschehen. Im Gegenteil, *Lückenspringer-Omas*, die gelernt haben, auch mal nein zu sagen, werden respektiert und mit ihnen werden klare Absprachen getroffen.

Wichtig oder dringend?

Führungskräfte stehen täglich vor der Entscheidung: Ist die Aufgabe wichtig, dringend, oder zu vernachlässigen? Sie sind gehalten, Prioritäten zu setzen: das Wichtige zuerst. Hier beginnt die höhere Schule des Zeitmanagements: Was ist wichtig und was dringend? Wichtigkeit, so viel sei hier noch angemerkt, hat es mit dem Ziel zu tun, Dringlichkeit mit dem Zeitfaktor.

Wenn Oma einen Friseurtermin hat, aber plötzlich gebeten wird, zeitgleich auf das kranke Enkelkind aufzupassen, was wäre dann wichtig, was dringend? Vordergründig scheint die Sache klar: Ein krankes Kind ist immer wichtiger. Doch sieht es anders aus, wenn man weiß, dass Oma diesen Friseur-

termin ausgemacht hat, weil sie am Nachmittag die Jubiläums-
rede für ihren Verein halten wird.

Dankbares Umfeld

Lückenspringer-Omas, die den Spagat zwischen Abgren-zung
und Hilfsbereitschaft beherrschen, werden unentbehrliche
Perlen in ihrer Familie sein. »Wenn wir unsere Oma nicht
hätten« oder »wir sind dankbar, dass wir sie haben«, sind
Sätze, die über solche Omas gesagt werden. Denn diese Omas
springen spontan ein, wenn ein Enkelkind erkrankt, ein
Handwerker erwartet wird oder bei anderem. Das machen sie
aber nicht aus Langeweile, sondern weil es ihnen Freude
macht, der Enkelfamilie helfen zu können.

Einschätzung

Einmischen: Helfen, um gebraucht zu werden, ist auch eine
Form der Einmischung. Die Lückenspringer-Oma verschiebt
die Verantwortung für das eigene Wohlbefinden auf die Enkelfamilie.

Ignorieren: Liegt kein Notfall vor, wird Lückenspringer-Oma
von der Enkelfamilie ignoriert, was manchmal auch wehtun
kann. Diese Oma wird nur gerufen wird, wenn man sie
braucht.

Toleranz: Es ist falsche Toleranz, wenn die Lückenspringer-
Oma toleriert, entweder aufs Abstellgleis geschoben oder
aktiviert zu werden. Anders gesagt, wenn sie alles mit sich machen lässt.

Respekt: Eine Lückenspringer-Oma genießt keinen Respekt
der Enkelfamilie, denn sie wird eigentlich abschätzig be-
handelt. Sie respektiert die Kinder auch nicht, weil sie ihnen
immer wieder zeigt, ohne sie geht es nicht.

Wohlwollen: Oma hat ein Wohlwollen, weil sie gebraucht wird.
Das Wohlwollen der Kinder ist mehr eine Gedankenlosigkeit.

9. FEMINISTEN-OMA

Emanzipieren auch in der Familie

Wahlrecht, Frauenquote, Genderdiskussion – all das verbinden wir mit Emanzipation – und das sind gewaltige Errungenschaften!

Frauen, die meinen, für ihre persönlichen Niederlagen einen Schuldigen ausgemacht zu haben, den Mann, nennen wir hier der Unterscheidung halber Feministinnen. Feministinnen, wie wir sie hier im Weiteren beschreiben, sind keine aktiven Frauenrechtlerinnen, sondern solche, die ihr persönliches Versagen, ihre Fehler und Schwächen, gerne andern in die Schuhe schieben. Frauen, die sich dafür entweder die Männer im Allgemeinen ausgesucht haben oder ihren Vater, den Bruder, Partner oder Ehemann.

Geschlechterkampf daheim

Der Feminismus im Gegensatz zur Emanzipation, gehört zu den Ideologien, die nur existieren können, weil sie ein Feindbild haben. Wer einen Feind sein eigen nennt, kann damit eigene Schwächen vortrefflich kaschieren. Unterläuft ein Fehler – der Feind ist schuld. Hat Frau den gewünschten Posten nicht bekommen – die Männerwelt ist schuld. Kann Frau ihrem Beruf der Kinder wegen nicht mehr nachgehen – der Mann ist schuld, dem sind solche Schranken nicht auferlegt.

Gegen diesen Feind hilft nach Meinung der Feministinnen nur eines: zusammenhalten. Die *Feministen-Oma* findet, dass Frauen viel mehr zusammenhalten müssten. Sie liest regelmäßig die Zeitschrift *Emma* und bestärkt ihre Tochter bzw. Schwiegertochter darin, dem Mann nicht alle Sachen nachzuräumen. Sie lebt Selbstverwirklichung und gerät deswegen oft auf den Pfad der Barbie-Oma, nur, dass sie das alles tut, um es den Männern mal richtig zu zeigen.

Opa als Blitzableiter für Feministen-Omas Enttäuschungen

Ihre Männerverachtung tut sie auch in der Gegenwart ihres Mannes kund. Sie lästert, wenn er sich nicht gut fühlt darüber, dass alle Männer wehleidig sind. Sie putzt ihn runter, wenn er mit ihr nicht einer Meinung ist. Sie lässt alle wissen, dass sie nach heutigem Stand nicht mehr heiraten würde. Sie ist auf dem Trip, sich endlich mal was zu gönnen. Sollte die eigene Tochter nach dem Vater geraten sein, so wird auch die runtergeputzt, weil sie sich nicht genug emanzipiert.

Einfaches Weltbild

Die *Feministen-Oma* hat ein einfaches Weltbild und das ist schwarz-weiß. Frauen gut, Männer böse. Da sie nicht gewillt ist, zu differenzieren, wird es ihr irgendwann um die Ohren fliegen. Sie muss Toleranz lernen und begreifen, dass extreme Ansichten eine Familie zerstören können und sie nicht der Maßstab aller Dinge ist. Die Enttäuschung über ihre Frauenrolle darf sie nicht der Familie als Last auferlegen. Wenn sie meint, sich selbst noch verwirklichen zu müssen, sollte sie es klug und behutsam tun. Wer andere dabei verletzen muss, ist kein Vorbild für die Enkelkinder.

Einschätzung

Einmischen: Die Feministen-Oma mischt sich stark ein, indem sie ihre Ansicht durchzudrücken versucht.

Ignorieren: Sie ignoriert jede männliche Ansicht.

Toleranz: Die Feministen-Oma ist intolerant.

Respekt: Die Feministen-Oma ist respektlos gegenüber Opa und den Söhnen. Fordert aber für sich als Frau gebührenden Respekt.

Wohlwollen: Sie erwartet es, gibt es aber nur, wenn es mit ihren Ansichten übereinstimmt.

Die *Konturlose-Muster-Oma* ist kaum zu ertragen, obwohl sie sich weder einmischt, noch ungefragt die Familie managt. Vielleicht gerade deshalb, denn sie ist eine konturlose Frau. Jemand, den niemand recht packen kann. Eine Ja-Sagerin, eine Kopfnickerin, eine Frau ohne Profil. Sie wirkt leise, lieb, selbstlos und rücksichtsvoll. Sie wird keinen der Fehler machen, den man bösen Schwiegermüttern nachsagt. Sie bemüht sich stets um Ausgleich und Gerechtigkeit. Jeder Satz von ihr beginnt mit: »Entschuldigung«. Sie ist anstrengend, wenn sie versucht, allen ihre Wünsche zu erfüllen.

Ihr einziger Wunsch

Ihre Maxime lautet: »Wenn es euch gut geht, bin ich auch zufrieden.« Dieser Wunsch klingt doch nach potenzierter Selbstlosigkeit, oder?

Wunschlosigkeit wird oft mit Bescheidenheit gleichgesetzt. Bescheidene Menschen, besonders, wenn es Omas oder Opas sind, genießen eine hohe Akzeptanz innerhalb der Familie. Aber sind sie es auch wirklich? Oft resultiert diese angebliche Wunschlosigkeit aus einer Symbiose von Routine und Bequemlichkeit. Das Leben hat sich so eingespielt wie es ist, die *Konturlose-Muster-Oma* ist zufrieden damit und würde sich gegen jede Veränderung sträuben. Es läuft wie es läuft, und sie treibt mit, auch wenn sie Gefahr läuft, nicht für voll genommen zu werden und als langweilig zu gelten.

Konturlosigkeit wird zur Unsichtbarkeit

Mit der *Konturlose-Muster-Oma* kann man nicht streiten, weil sie stets nachgibt. Mit der *Konturlose-Muster-Oma* kann man nicht diskutieren, weil sie keine eigene Meinung hat. Die *Konturlose-Muster-Oma* wird kaum wahrgenommen, weil sie fast unsichtbar ist. Die *Konturlose-Muster-Oma* ist eigentlich eine langweilige

Person. Eine Person, die übersehen wird, deren Fehlen man erst merkt, wenn sie nicht mehr da ist. Sie erfährt deswegen auch kaum Wertschätzung, weil sich viele andere vordrängeln und sie sie alle gewähren lässt. Merkt eine Oma, dass sie sich zur *Konturlose-Muster-Oma* eignet, sollte sie das schnellsten ändern.

Warum hat die Konturlose-Muster-Oma keine Wünsche?

Weil ihr niemand beigebracht hat wie das geht. Omas Eltern haben auch nie gelernt, sich etwas zu wünschen, sie waren Oma im Wünschen keine Vorbilder und haben ihren Kindern das Wünschen als etwas Ungezogenes, eigensinnig Böses dargestellt. Darum schämt sich Oma, wenn sie auch mal einen Wunsch hat und unterdrückt ihn ganz schnell.

Weil Kinder nichts zu wollen hatten

»Kinder mit 'nem Will'n kriegen welche auf die Brill'n.« Mit solchen und ähnlichen Sätzen ist die *Konturlose-Muster-Oma* aufgewachsen. Einen eigenen Willen und den auch noch durchsetzen wollen? Aber nicht mit diesen Eltern. Falls ein kindlicher Wille sichtbar wurde, musste der dringend gebrochen werden.

Auch unsere Vorfahren hatten nichts zu wollen

Konturlose-Muster-Omas Eltern und auch deren Vorfahren hatten nur selten die Chance, eigene Wünsche, Vorstellungen oder Pläne zu verwirklichen. Sie hatten sich meistens nach den Verhältnissen zu richten, Widerspruch war zwecklos. Sich zu widersetzen wäre den meisten nicht in den Sinn gekommen, sie waren erzogen, die Verhältnisse zu respektieren. Sie taten das – und gaben es so weiter.

Gefährliches Terrain

Wünsche zu äußern, sich aktiv für ihre Verwirklichung einzusetzen, sein Leben danach auszurichten, birgt die »Gefahr«

von Konsequenzen. Die *Konturlose-Muster-Oma* müsste diese tragen und die Verantwortung dafür übernehmen.

Die Wunschlos-Oma muss lernen

sich einzugestehen, dass sie das Wünschen nicht gelernt hat. Die *Konturlose-Muster-Oma* muss sich das Wünschen ganz bewusst erlauben, auch wenn es ihr albern und unverschämt vorkommen mag. Darum muss sie lernen, sich selbst ernst zu nehmen. Die *Konturlose-Muster-Oma* darf beginnen, ihre Wünsche umzusetzen.

Die Konturlose-Muster-Oma muss lernen, Verantwortung zu übernehmen und dazu zu stehen

Sie darf aufhören, Entscheidungen anderen zu überlassen und ihnen damit die Folgen und die Verantwortung aufzubürden. Sie muss lernen, mit Unsicherheiten zu leben und die Spannung zwischen richtiger und falscher Entscheidung auszuhalten. Sie muss sich bewusst machen, dass es auch falsche Entscheidungen gibt und darf davor keine Angst haben. Fehler kann man korrigieren und daraus lernen, in jedem Alter.

Die *Konturlose-Muster-Oma* muss wissen: Die falscheste Entscheidung ist, nichts zu entscheiden.

Konturlose-Muster-Omas werden nicht umhinkommen

sich eine eigene Meinung zu bilden und darauf auch zu bestehen. *Konturlose-Muster-Omas* müssen lernen, von ihrem Verständnistrip runterzukommen und auch mal Verständnis für sich einzufordern.

Konturlose-Muster-Omas werden nicht umhinkommen, auch mal Ecken und Kanten zu zeigen, anstatt sich immer nur anzupassen. Darum: Wir reifen nur durch Konflikte und wenn wir Ecken und Kanten an einander abschleifen. Sonst wäre kein Prozess der Veränderung und des Wachstums möglich.

Einschätzung

Einmischen: Weil die Konturlose-Muster-Oma keine eigene Meinung hat, wird sie sich nicht einmischen, sondern jede Entscheidung akzeptieren, selbst, wenn diese Entscheidung heute so und morgen anders lauten sollte. Ihr Leben ist so auf die andern fixiert, dass sie sich über so viel Inkonsequenz weder wundern noch ärgern kann.

Ignorieren: Die Konturlose-Muster-Oma kann ihre Kinder nicht ignorieren, sie ist ständig für sie da.

Toleranz: Das, was die Konturlose-Muster-Oma praktiziert, kann man nicht Toleranz nennen. Denn, um tolerant zu sein, muss man einen eigenen Standpunkt haben. Oma aber ist abhängig. Wenn sie nicht abhängig ist von ihren Kindern, dann vom weiteren Umfeld: den Nachbarn, den Freunden.

Respekt: Solche Persönlichkeiten bekommen kaum Respekt, weil man sie wie Wachs formen kann. Solcher Personen bedient man sich, wenn man sie braucht, ansonsten beachtet man sie nicht. Dieses Verhalten kann man gefahrlos beibehalten, denn die Person wird sich nicht beschweren.

Wohlwollen: Natürlich hat so eine Oma das Wohlwollen der ganzen Familie. Doch manchmal nervt es einfach, wenn Oma immer nur ja sagt oder sich entschuldigt. Das Ende vom Lied: Man nimmt sie nicht für voll und bevormundet sie. Die Spirale wird sich weiter drehen und wenn Oma mal nicht mehr kann, wird man sie beiseitesetzen, denn sie wird sich ja nicht beschweren.

Eltern, die ihre Kinder, als sie noch klein waren, ständig überbehüten mussten, werden auch nicht davon lassen, wenn diese erwachsen sind und eigene Kinder haben.

Wird so eine Helikopter-Mutter dann Großmutter, erträgt sie nur schwer, wenn etwas nicht in ihrem Sinn geschieht. Sie hat alles getan, die perfekte Familie zu formen und empfände es als persönliche Niederlage, wenn das makellose Familienbild ramponiert würde. Die *Helikopter-Oma* will unter allen Umständen verhindern, dass jemand ausschert. Darum wird bei den erwachsenen Kindern die Abhängigkeitsphase verlängert und die Selbstständigkeit untergraben. *Helikopter-Großmütter* sind überfürsorglich, zwanghaft und paranoid. Eine *Helikopter-Großmutter* bügelt jeden Fehler von Kindern und Enkeln auf eigene Faust aus. Wurde der Enkel beim Klauen im Supermarkt erwischt, wird sie solange mit dem Marktleiter diskutieren, den Schaden begleichen, der Belegschaft Kaffee und Brötchen spendieren, bis die Sache unter den Tisch gekehrt wird. Hat sich der Sohn mit den Nachbarn verzankt, wird sie rüber laufen und versuchen, das Ganze zu glätten. Natürlich ungebeten. Die *Helikopter-Großmutter* versucht, ihren Kindern das Leben so leicht wie möglich zu machen. Oma ist immer zur Stelle, wenn es Schwierigkeiten gibt.

Die *Helikopter-Oma* hat noch immer ein Auge auf jedes ihrer Kinder. Sie fände es selbstverständlich, über deren Kontostand informiert zu werden, sowie die Zukunftspläne und Absichten. Könnte doch sein, die Kinder machen einen Fehler, der vermieden werden könnte. So wie Oma früher genauestens über Lehrer und Mitschüler informiert war, möchte sie jetzt alles über den Chef und die Kollegen wissen. Sie findet es schrecklich, dass ihre Kinder für das bisschen Gehalt auch noch hart arbeiten müssen. Wenn der Sohn viel mit dem

Auto unterwegs sein muss, will sie genau wissen, wo er ist und was er tut. Oma hatte vom Leben ihrer Kinder genaue Vorstellungen. Darum hat sie das Studium finanziert und dem Kind eine anständige Studentenbude gesucht. So kann sie jetzt wohl erwarten, dass die Kinder ihre Pläne bezüglich der Enkel auch umsetzen. Und wehe, wenn nicht, dann gerät ihr Leben aus den Fugen.

Omas Leben wäre ohne die Kinder vollkommen inhaltslos

Oma gibt sich nach außen als die totale Mutter, die selbstlose, uneigennützige Übermutter, die gute Oma. Jeder Außenstehende wird sie dafür loben und lieben.»Sie meint es doch nur gut«, sagen die andern beschwichtigend. Dabei vergessen sie, dass das Gegenteil von gut, gut gemeint ist. Denn letztendlich ist die *Helikopter-Oma* eine krasse Egoistin, die nur akzeptiert, was nach ihrem Wollen und Willen geht. Aus Kindern, die in totaler Überwachung und Übermütterung aufwachsen, werden in der Regel lebensuntüchtige, suchtgefährdete Menschen, die unglücklich und ziellos sind, wenn Mama nicht für sie sorgt.

Wenn Lebensangst zur Triebfeder wird

Großmütter, die ihre Lebensangst auch auf die Enkel übertragen, erliegen dem Irrglauben, sie seien nur perfekte Omas, wenn sie alles wüssten, an allem Anteil hätten, überall mitmischten. Nur mit einer perfekten Familie kämen automatisch Zufriedenheit und Sinnfindung. *Helikopter-Großmütter* haben es sich zum Grundsatz gemacht, stets besorgt und unzufrieden zu sein. Zufriedenheit und Gelöstsein wäre für sie ein unerträglich oberflächlicher Zustand.

Helikopter-Omas vertrauen niemandem, nicht mal sich selbst

Sie leben in großem Stress, weil sie ständig in die Bresche springen, sich kümmern und für alle da sein müssen. Das war früher, als ihre Kinder klein waren so und jetzt wären sie am liebsten jede Minute bei den Enkeln.

Die Mutter bekommt einen Anruf, ihr Sohn hätte vom Banknachbarn den Taschenrechner kaputt gemacht. Ehe sie einen richtigen Gedanken fassen kann, ist Oma schon losgerannt um das Stück zu ersetzen und die erboste Mutter des Mitschülers zu beschwichtigen.

Helikopter-Omas wollen auch nichts davon wissen, dass man Kinder nicht vor allem Gefährlichen, was da draußen lauern mag, bewahren kann. Deshalb ist man angehalten, ihnen beizubringen, wie sie Gefahren erkennen und damit fertig werden können.

Helikopter-Omas müssen endlich lernen, dass Kinder, auf sich selbst gestellt, Entscheidungen treffen müssen und nicht ständig darauf warten können, dass ein anderer ihnen hilft. Das geschieht, indem sie ihnen ein gewisses Maß an Freiheit und Selbstbestimmung erlauben. Wenn der Enkel den Taschenrechner des Banknachbarn zerstört hat, soll er mal selbst etwas zum Schadenersatz beitragen. Seine Sparbüchse dafür zu öffnen wäre ja wohl nicht zu viel verlangt. Sowas kommt von sowas. Jedes Tun hat Konsequenzen, die manchmal auch sehr unangenehm und unbequem sein können. Wenn Hänschen das lernen darf, wird Hans auch mit anderen Widerwärtigkeiten des Lebens fertig werden. Es sei denn, er hat eine Helikopter-Mutter und sein Sohn später eine *Helikopter-Oma*.

Was, Kinder werden erwachsen? Bitte nicht!
Es gibt viele Großmütter, die auszubremsen versuchen, dass ihre Kinder erwachsen werden, indem sie ungesunde Abhängigkeiten schaffen in finanzieller und familiärer Hinsicht. Sie haben den Typus der Manager-, Be-Schirm-, Detektiv- und Energiesaugeroma perfektioniert und geben ihren Kindern das Gefühl, ohne sie ginge es nicht. Sie mischen sich unge-

fragt in alles ein, nehmen ihren Kindern sämtliche Verantwortung ab und werden Probleme stets allein und ohne Absprache zu lösen versuchen. Sie drücken ihren Kindern, bildlich gesprochen, die Luft ab und lassen sie als Persönlichkeit so verkrüppeln, dass diese gar nicht mehr in der Lage sind, ein selbstbestimmtes Leben zu führen.

Mutti muss sich also lebenslang um sie kümmern, weil sie nur noch Probleme bereiten. Muttis Egoismus wird auf diese Weise perfekt gefüttert und das Umfeld manipuliert. Mutti bekommt von allen Seiten Komplimente, Anerkennung und Beileid. Die Kinder hängen an ihr und sind abhängig, das Umfeld zollt ihr Respekt und Mitleid. Dass sie sich alles selbst zuzuschreiben hat, merkt keiner.

Wenn Kinder zu Opfern werden

Weil *Helikopter-Omas* immer eine einseitige Meinung von Schuld und Unschuld haben – Schuld sind nämlich immer die andern, die Umstände, das System – haben ihre Kinder nicht gelernt, Verantwortung für ihr Tun zu übernehmen. Sie werden verantwortungslos im Leben. Wer seine Kinder oder Enkel dauerhaft zu Opfern macht, erweist ihnen keinen Gefallen. Opfer sind wehrlos und bemitleidenswert, Opfer reagieren und nehmen nicht das Heft des Handelns in die Hand. Opfer fühlen sich meistens unschuldig. Ein Opfer hat immer einen Täter vor sich, jemanden, der schuld ist an allem. Natürlich ist es gut, wenn Oma hilft, auch finanziell, wenn es mal wirklich eng wird. Auch ist gut, wenn Oma anstelle der gestressten Eltern ein vernünftiges Wort mit dem Gegner zu reden vermag. Solche Hilfe ist nützlich und unschätzbar. Doch wird sie pathologisch, wenn sie mehr Leid als Nutzen bringt.

Einfluss nehmen

Oma will weiterhin Einfluss nehmen, als Mama und Großmutter, weil sie von sich fest überzeugt ist. Omas mit diesem
Symptom haben ein Problem mit ihrem Selbstwertgefühl.

Einschätzung

Einmischen: Helikopter-Omas praktizieren die schlimmste
Form der Einmischung, die bereits im Babyalter begonnen
hat und nicht abreißt.

Ignorieren: Die Helikopter-Oma ignoriert alle Ratschläge und
Warnungen von Außenstehenden, die sie auf dieses Problem
hinweisen.

Toleranz: Die Helikopter-Oma ist intolerant, behauptet aber
stets das Gegenteil.

Respekt: Kinder, die nicht begreifen, was eigentlich dahinter
steckt, werden ihr höchsten Respekt zollen. Wer begriffen hat
wie hier der Hase läuft, wird das nicht tun.

Wohlwollen: Omas Wohlwollen gilt nur jenen, die mit ihr über-
einstimmen. Das Wohlwollen der Kinder gilt ihrer Mutter,
wenn sie nicht begriffen haben, wie sie missbraucht werden.

Typ	Beschreibung	Vorzüge	Defizite
1. Manager-Oma	lästig und treusorgend agiert sehr selbstständig, aber ungebeten klassische Einmischerin	tut alles für ihre Kinder uneingeschränkt hilfsbereit	bleibt wie ein Schatten an Kindern und Enkeln Kontrollmensch
2. Küchen-Oma	perfekte Köchin beherrscht die Vorratshaltung	Anlaufstelle für alle hungrigen Enkel und Kinder	macht Essen an ihrem Tisch zum Muss
3. Barbie-Oma	perfektes Äußeres sieht aus wie Mamas Schwester lebt sehr eigenständig	hat ein eigenes Zeitmanagement	Egoistisches Verhalten Selbstbezogenheit wird für andere zum Problem
4. Be-Schirm-Oma	Beschützerin der Familie sieht Fehler nur bei andern	Insel der Geborgenheit gemütliches Umfeld Trostpflaster für die Enkel	glaubt, außerhalb der Familie sei alles böse realitätsfremd gegenüber Problemen und Fehlern
5. Hyper(kre)aktivl-Oma	kreativer Mensch geschickt in Handarbeiten	macht ganz viel selber	verlangt die gleiche Lebensweise von Kindern und Enkeln
6. Detektiv-Oma	sehr neugierig fragt jeden aus	ist stets informiert	keine Diskretion distanzlos liebt Tratsch und Klatsch
7. Energiesauger-Oma	braucht Probleme und Sorgen zum Leben jammert ständig ist unzufrieden mit sich und der Welt	kaum	ihre Negativ-Haltung lähmt das Umfeld fühlt sich stets als Opfer
8. Lückenspringer-Oma	ist stets zur Stelle, wenn man sie ruft hilft immer, aber nicht uneigennützig	verlässliche Hilfe	lässt sich zum Lückenbüßer machen fühlt sich unersetzbar
9. Feministen-Oma	ausgeprägte Emanze hält alle Männer für Versager	sie weiß, was sie will	Fanatismus fehlende Objektivität
10. KonturloseMuster-Oma	lebt unauffällig ihr Motto: wenn es euch gut geht, geht es mir auch gut	rücksichtsvoll selbstlos lieb leise	konturlos meinungslos
11. Helikopter-Oma	tut alles für das Bild einer perfekten Familie nimmt vieles ungefragt selbst in die Hand	aktiv orientiert auf Lösungen	überfürsorglich zwanghaft paranoid

Welcher Opa-Typ sind Sie? Bitte kreuzen Sie an!

1.

- o   Als Vater hatte ich kaum Zeit für meine Kinder. Das hole ich jetzt bei den Enkeln nach.
- o   Neuerdings meine liebste Beschäftigung: Spielen mit meinen Enkeln.
- o   Meine Frau behauptet, ich mache mich beim Spielen zum Kasper.
- o   Meinen Kindern ist es peinlich, wenn ich auf dem Spielplatz mit den Enkeln herumhüpfe.
- o   Ich musste stets solide sein, endlich kann ich mal meine andere Seite ausleben.

2.

- o   Die Erziehungsdefizite der heutigen Jugend empfinde ich als sehr schlimm.
- o   Die jungen Menschen sollten endlich lernen, Rücksicht auf uns Ältere zu nehmen.
- o   Ordnung und Disziplin werden kaum noch beachtet, was mich ärgert und ich dann auch lautstark kundtue.
- o   Meistens fresse ich meinen Ärger in mich hinein, aber nur bis zu einem gewissen Punkt, dann werde ich laut.
- o   Meine Enkel meiden mich, aber einer muss ihnen doch sagen, wo es langgeht.

3.

- o   Meine Devise: alles geht, irgendwie.
- o   Mein zweiter Grundsatz: Improvisation ist alles.

o   Das Einhalten von Regeln sehe ich eher sportlich. Man muss doch nicht so pedantisch sein.

o   Meine Kinder sagen, früher sei ich viel strenger gewesen.

o   Meine Enkel haben begriffen, dass sie daheim lieber nichts von unseren Unternehmungen erzählen sollten, jedenfalls nicht alles.

4.

o   Auch erwachsene Kinder müssen korrigiert werden.

o   Ich weiß alles und das können alle wissen.

o   Niemand in meiner Familie hat wirklich Ahnung – bis auf mich.

o   Meine Familie anerkennt meinen Wissensvorsprung nur ungenügend.

o   Nach Gesprächen mit meinen Kindern oder Enkeln bin ich immer sehr verärgert.

5.

o   Meine Enkel finden mich »cool«.

o   Ich organisiere gerne spannende Unternehmungen.

o   Pleiten, Pech und Pannen sind für mich neue Herausforderungen, aber niemals ein Grund aufzugeben.

o   »Aus Fehlern lernt man«, sage ich meinen Enkeln ständig.

o   »Opa macht das schon«, vertrauen mir meine Enkel.

6.

o   Durch Sparsamkeit habe ich es zu etwas gebracht.

o   Meinen Kindern sitzt das Geld zu locker.

o   Ich bin der Familiensponsor.

o Meine Kinder betteln mich oft um Geld an.

o Bevor ich etwas gebe, erkläre ich meinen Kindern stets nochmal die Grundprinzipien sparsamen Lebens.

7.

o Weil ich handwerklich geschickt bin, finde ich stets und überall Gelegenheit, mich nützlich zu machen.

o Ich halte mich am liebsten in meiner Werkstatt auf.

o Bei mir findet man Ersatzteile aller Art.

o Bloß rumsitzen ist nichts für mich.

o Rumwerkeln muss ich aber alleine. Enkelkinder stören dabei nur.

8.

o Ich habe mein Leben lang hart für mein bisschen Wohlstand gearbeitet.

o Meine Zeit plane ich allein für mich, ich habe es mir verdient.

o Natürlich dürfen Enkelkinder dabei sein, wenn ich meinen Hobbys nachgehe.

o Enkelkinder haben sich zu fügen und nicht zu stören. Dann sind sie ganz annehmbar.

o Dass meine Kinder sagen, sie hätten weder Geld noch Zeit für eine große Reise, kann ich nicht nachvollziehen.

9.

- o Ich finde, es gibt keine falschen Fragen, nur dumme Antworten.
- o Ich gehe den Dingen gern auf den Grund.
- o Meine Passion sind die W-Fragen: Woher kommt das? Wer hat's erfunden? Wie funktioniert das?
- o Es ist mir ein Bedürfnis und eine große Freude, gemeinsam mit den Enkeln zu forschen.
- o Ich bin froh, dass die jungen Menschen über Dinge Bescheid wissen, von denen ich keine Ahnung mehr habe wie z. B. Computer.

10.

- o Weil ich vom Sinn meines Lebens weiß, lasse ich auch die Enkel daran teilhaben.
- o Ich habe einen Wertemaßstab und zu meiner Freude fragen auch meine Enkel danach.
- o Die Gefahren des Lebens sollte man weder ignorieren noch überhöhen.
- o Mein Enkel weiß, dass ich immer für ihn da sein werde.
- o Es würde mich freuen, wenn meine Enkelkinder in meinem Sinne weiterleben.

11.

- o Meine Leidenschaft für Fußball, Angeln, Modellbahnbau, Bergsteigen etc., ist für mich das Wichtigste in meinem Leben.
- o Meine Frau, die Kinder und die Enkel habe ich vor die Wahl gestellt: entweder sie teilen meine Leidenschaft oder ich mache mein eigenes Ding.

- Wer meine Leidenschaft nicht teilt, den kenne ich kaum, denn wir bewegen uns in verschiedenen Sphären.
- Ich finde, jeder sollte eine Leidenschaft haben. In meiner Familie allerdings nur meine.
- Es gibt mir ein Gefühl der Genugtuung, wenn meine ganze Familie mit mir zusammen ist bei der Ausübung dieser Leidenschaft und ich werde alles dafür tun, dass es so bleibt.

Auflösung:

1. Entertainment-Opa

2. Nörgler-Opa

3. Schlitzohr-Opa

4. Rechthaber-Opa

5. Abenteuer-Opa

6. Sponsor-Opa

7. Heimwerker-Opa

8. Genießer-Opa

9. Stubengelehrter-Opa

10. Mentoren-Opa

11. Mitreißer-Opa

Sohn und Schwiegertochter mit zwei Kindern laden zum Kaffee, denn es gibt Neuigkeiten:

Erstens, über die Firma des Sohnes haben sie den Zuschlag für ein günstiges Grundstück bekommen und werden noch in diesem Jahr mit dem Bau eines Eigenheimes, etwas entfernt von der jetzigen Wohnung, beginnen. Zweitens bekommen sie nochmal Nachwuchs.

Lassen wir jetzt gedanklich und rein fiktiv jeden Großvatertypen am Kaffeetisch Platz nehmen und schauen, was dabei herauskommt.

Der Entertainment-Opa

hört gar nicht richtig zu, bzw. beide Neuigkeiten tangieren ihn eher mäßig, denn er ist beschäftigt, aus den Papierservietten eine Kugel zu formen, platziert die Trinkgläser als Torpfosten und spielt mit den Enkeln *Fingerfußball*. Was die andern bereden hört er zwar, beteiligt sich aber nicht aktiv am Gespräch. Die Mahnung der anderen Erwachsenen, diese Kindereien jetzt zu unterlassen, denn es gäbe Wichtigeres, ignoriert er. Dass es wieder Nachwuchs gibt, entgeht ihm völlig.

Der Nörgel-Opa

hat in der Zeitung gelesen, dass Bauen momentan eine schlechte Option sei, das Bauland schadstoffbelastet ist und das Grundstück sowieso nur Handtuchbreite hat. Kein vernünftiger Mensch würde dafür Geld ausgeben. Weil die andern seine Argumente nicht gelten lassen, lässt er seinen Frust an den Enkeln aus, weil sie gerade ein Glas umgeworfen haben. Ein drittes Kind hält er für eine Katastrophe und fragt, ob es nicht reiche, dass die zwei Kinder genug Blödsinn machten.

Der Exoten-Opa

legt dem Sohn nahe, sich mit den zukünftigen Nachbarn gut zu stellen. Vielleicht haben die ja Winkelschleifer, Mischmaschine und dergleichen. Dann spart sich der Sohn die Anschaffung, weil er ja borgen kann. Er rät ihm, gleich eine Pforte in den Zaun zum Nachbargrundstück zu setzen, damit er schnell drüben ist, wenn dort gegrillt wird. Drittes Kind? Opa sieht darin kein Problem.

Der Rechthaber-Opa

regt sich auf, dass jetzt erst gebaut wird, weil früher die Grundstücke günstiger waren. Er kann mit dem Begriff Niedrigenergiehaus nichts anfangen und erklärt stattdessen, wie die Inuit bauen. Ihn stört, dass sich der Sohn noch ein Kind anschafft. Das Baukindergeld hält er für eine verkappte Betrügerei, seine Begründung ist aber nicht stichhaltig. Die Auseinandersetzung droht zu eskalieren.

Der Abenteuer-Opa

glänzt mal wieder durch Abwesenheit in dieser Runde, weil er an der Garage seinen alten Freund Paul getroffen hat. Oma ist schließlich allein losgefahren, Opa versprach, nachzukommen. Leider hat er es wohl vergessen.

Den Sponsor-Opa

interessiert nur eines: Wovon wollen sie das alles bezahlen, Haus und Kind? Er fragt detailliert nach der Finanzierung. Die Kreditraten erscheinen ihm unverhältnismäßig hoch und das Grundstück zu klein. Sein Monolog, was ihn das alles kosten wird, ist erwartbar. Er findet zwei Balkone übertrieben, wenn es sowieso eine Terrasse gibt. Entweder, verlangt er, werde das geändert oder es gibt kein Geld von ihm. Der Sohn weiß, dass ihm jetzt eine längere Debatte bevorsteht.

Der Heimwerker-Opa

ist hellauf begeistert von der Aussicht, auf der Baustelle mit anfassen zu dürfen, um Kosten zu sparen. Er richtet sich gedanklich dort schon eine Werkstatt ein und freut sich darauf, den Bauarbeitern auf die Finger zu sehen. Den Enkeln wird er zeigen wie man Werkzeug handhabt, vom dritten Kind redet er nicht. Das wird erst einbezogen, wenn es alt genug ist.

Der Genießer-Opa

findet das Vorhaben gut und die Familienplanung auch. Er spricht allen Beteiligten das volle Vertrauen aus, weiß aber jetzt schon, dass er nicht dabei sein wird.

Der Gelehrten-Opa

hat zufällig einen Artikel über die Fehlerhaftigkeit bei statischen Berechnungen gelesen. Er rät seinem Sohn, dem Bauleiter ständig auf den Fersen zu sein, denn unlängst sei in Asien ein Wohnblock eingestürzt, weil man im Stahlbeton den Stahl falsch berechnet hatte. Erst heute habe er in einem Buch gefunden, dass Kinder genügend Auslauf brauchten für eine gesunde Entwicklung und zur Stärkung der Abwehrkräfte. Der schwangeren Mutter erklärt er, dass eine ungerade Anzahl Kinder Konflikte bergen wird.

Der Mentoren-Opa

hat selbst ein Eigenheim. Deshalb unterstützt er das Bauvorhaben des Sohnes voll umfänglich. Er weiß, wie gut es Kindern tut, in einem sicheren Umfeld aufzuwachsen. Für das Ungeborene freut er sich besonders, weil es von Anfang an im neuen Haus sein kann. Den Enkeln sagt er, sie sollen dem

Papa nacheifern, damit sie später auch mal ein Haus bauen können. Dass er mit anpacken wird, versteht sich von selbst.

Der Mitreißer-Opa

wusste natürlich schon vorher, dass die Kinder bauen. Er hat kräftig mit investiert und schon bei ihrer Hochzeit darauf hingewiesen, dass junge Eheleute gut beraten sind, wenn sie sich was Eigenes schaffen. Sein Versprechen, jedem Kind, das bauen will, auch finanziell unter die Arme zu greifen, hat er eingehalten. Er freut sich über die Tatkraft der jungen Leute und ermutigt sie, so weiter zu machen. Für das neue Enkelkind verspricht er, einen Bausparvertrag einzurichten.

Aufmerksamkeit für jeden einzelnen

1. ENTERTAINMENT-OPA, AUCH SPIEL-OPA GENANNT

Unter Entertainment verstehen wir die hohe Kunst der Unterhaltung. Berühmte Entertainer, wie Peter Alexander, Harald Juhnke, Rudi Carrell oder Thomas Gottschalk sorgten mit ihren Shows für leergefegte Straßen. Worüber sie oder mit wem sie auch sprachen, was sie in diesen Fernsehsendungen taten, alles war unterhaltsam und wurde zu einem Fernseherlebnis.

Ähnlich muss man sich den *Entertainment-Opa* vorstellen. Alles, was der tut, zieht wenigstens die Aufmerksamkeit der Enkel, wenn nicht gar der ganzen Familie, auf sich. Egal, ob Opa die Nase putzt oder Kartoffeln aus dem Keller holt, er hat bei allem immer seinen Auftritt. Wir nennen ihn hier auch den *Spiel-Opa*, weil er in spielerischer Weise Alltägliches und Spiel zu verknüpfen versteht. Aber sein Spiel läuft anders.

Spielen ist ja eine Beschäftigung, die meistens in Gemeinschaft mit anderen vorgenommen wird. *Mensch ärgere Dich nicht*, *Halma* oder anderen Brettspielen liegen ganz bestimmte Handlungsabläufe und Regeln zugrunde.

Beim Bau einer Sandburg ist dagegen das gemeinschaftliche Tun im Vordergrund, Spontaneität gefragt und Phantasie. Der *Entertainment-Opa* ist ein spontaner *Spiel-Opa*. »Spiel ist eine freiwillige Handlung oder Beschäftigung, die innerhalb gewisser festgesetzter Grenzen von Zeit und Raum nach freiwillig angenommenen, aber unbedingt bindenden Regeln verrichtet wird, ihr Ziel in sich selber hat und begleitet wird von einem Gefühl der Spannung und Freude und einem Bewusstsein des ›Andersseins‹ als das ›gewöhnliche Leben‹.« (Zitiert aus Wikipedia vom 03.02.2016 um 10.14 Uhr, Huizinga: 1938/1991,

S. 37. Johan Huizinga war ein Kulturanthropologe, das Zitat stammt aus seinem Hauptwerk »Homo ludens«)

Der *Entertainment-Opa* ist ein sehr spontaner Mensch und deshalb nicht für Kartenspiele oder Dame-Mühle-Spiele zu haben, weil er sich dabei viel zu eingeengt fühlt. Er verwendet die Mühlespielsteine, um einen Turm zu bauen, und die Quartettkarten für ein Kartenhaus. Denn er ist äußerst kreativ veranlagt und in der Lage, aus dem Stegreif ein neues Spiel zu entwickeln. Selbst das Runterbringen des Mülleimers macht er, wenn Enkel dabei sind, zum Event. So viel Spaß wird das Enkelkind nie wieder beim Müllraustragen haben.

Der *Entertainment-Opa* wäre eher ein Beispiel für den französischen Soziologen Roger Caillois, der sagt, dass Spiele auf vier Prinzipien aufbauen: Wettkampf, Zufall, Maske, Rausch. Wenn Opa auf der Baustelle ist, haben die Enkel besonderen Spaß. Anstatt für Ordnung zu sorgen, vergrößert er das Chaos nur, weil er den Enkeln hilft, aus herumliegenden Brettern eine Bude zu bauen. Obwohl die Bretter eigentlich als Verschalung dienen sollen. Dass er sich dabei auch am Material des Nachbarn vergriffen hat, ist nicht von Belang. Opa kommt irgendwie mit ihm überein und die Bude darf stehenbleiben.

Man sagt, dass Spielen besonders Qualität gewinnt, wenn die Kreativität überwiegt. Opas Spiele haben eine ausgezeichnete Qualität.

Natias Neutert, ein vielseitiger Künstler, sagt: »Spielen erzeugt eine eigene Wirklichkeit: die der Möglichkeiten.« Diese neue Welt der Möglichkeiten nutzt der *Spiel-Opa* durch seine Lebenserfahrung und Berufserfahrung bis zum Letzten aus. Opas Spezialitäten sind Bewegungsspiele, Rollenspiele, manchmal auch Konstruktionsspiele – aber nie ohne Publikum.

»Das Spiel ist das einzige, was Männer wirklich ernst nehmen. Deshalb sind Spielregeln älter als alle Gesetze der Welt.« (Peter Bamm)
Der *Entertainment-Opa* macht nämlich gerade eine Metamorphose durch. Zum Erstaunen aller. Seine Frau beobachtet es stirnrunzelnd, die Kinder sind misstrauisch. Sie kennen den Vater nur als einen pflichtbewussten, disziplinierten, kontrollierten Menschen, dem Sätze wie: »stell dich nicht so an«, »wenn man will, kann man« oder: »reiß dich zusammen«, ständig über die Lippen kamen. Der kein Einsehen hatte, wenn das Schulzeugnis mal nicht so gut war, der keine Schwächen duldete und dem Humor ein Fremdwort war.

Ein Vater, der aufgrund seines Pflichtbewusstseins und Einsatzes für die Firma nie arbeitslos war und sich deshalb eines wohlverdienten, finanziell gut abgesicherten Ruhestandes erfreut.

Doch ist die emotionale Absicherung für die Familie dabei auf der Strecke geblieben. Morgens beim Frühstück hatten es alle eilig, da war keine Zeit für ein Miteinander, für Gespräche oder Anteilnahme. Wenn er heimkam, lagen die Kinder meistens schon im Bett oder als Jugendliche waren sie bei Freunden, im Sportverein oder anderweitig beschäftigt. Sie hatten sich so an Vaters Abwesenheit gewöhnt, dass sie ihn nur selten vermissten. Und dieser unnahbare, meistens abwesende Vater erstaunt als Großvater plötzlich alle.

Früher weigerte er sich, die Babys auch nur einen Moment lang zu halten, aus Angst, sein Jackett oder das Hemd könnten einen Milchfleck bekommen und wie sähe das dann in der Firma aus. Jetzt lacht er, wenn das Kleine sein Bäuerchen auf Opas Hose verewigt. Er verlangt nicht kategorisch nach einer Ersatzhose, wie er es früher getan hätte. Opa macht »dei, die« mit dem kleinen Menschen. Ja, er springt sogar auf und sucht Sachen, das kleine Hascherl umzuziehen, seine bekleckerte Hose ist ihm jetzt egal.

Man hat bei ihm den Eindruck, dass er vieles nachholen will. Früher wäre es ihm nicht eingefallen, sich für kleine Kinder zum Affen zu machen, jetzt ist es ihm egal. Seine Spiele mit den Enkeln sind laut und auffällig, die Verwunderung seines Umfeldes darüber ist ihm total gleichgültig. Er rutscht auf dem Fußboden herum, wird zum Pferd für die Enkel oder tobt auf dem Spielplatz herum und macht sich zu ihresgleichen.

Vielleicht ist dieses kindliche Verhalten auch einer Hilflosigkeit geschuldet, denn wer als Vater den Umgang mit Kindern nicht geübt hat, wird ihn als Opa nur ungenügend beherrschen. Daher sein Rückfall in die eigene Kindheit. Vielleicht kopiert er jetzt seinen Vater oder den eigenen Opa und glaubt, ein Opa müsse sich so verhalten. Die Enkelkinder werden von ihm begeistert sein, weil er ein toller Opa ist.

Einschätzung

Einmischen: Der Entertainment-Opa mischt sich nicht ein, der macht sein eigenes Ding.

Ignorieren: Er ignoriert die Ermahnungen und die Verwunderung über sein Verhalten seitens seiner Frau und seiner Kinder. Ihm ist egal, was sein Umfeld von ihm hält.

Toleranz: Der Entertainment-Opa wird mit zunehmendem Alter toleranter.

Respekt: Die Kinder tun sich u. U. schwer, einen Kasper zu respektieren, die Enkel dagegen nicht.

Wohlwollen: Opa ist sehr wohlwollend seinen Enkeln gegenüber. Der Rest der Familie hat mit Wohlwollen so seine Probleme.

Nörgler sind unangenehme, negative Menschen. Solche Querulanten und Miesmacher kennt jeder und viele haben sie in ihrer unmittelbaren Umgebung, ob in der Familie oder im Berufsleben.

Nörgler finden ständig das Haar in der Suppe. Mit einem *Nörgel-Opa* ist nicht gut Kirschen essen. Kinder spüren so etwas sofort und bleiben darum lieber vorsichtig und auf Distanz zu ihm. *Nörgel-Opas* sind typische Eigenbrötler, sehr introvertierte Menschen. Verbale Kommunikation gehört für sie zu den schwierigen Feldern. Darum bleiben sie lieber auf Abstand. So haben sie auch keinen Austausch über dies und das. Sie holen sich ihre Informationen aus Zeitung und Fernsehen und dürfen dabei keinesfalls gestört werden.

Der *Nörgel-Opa* ist in Bezug auf die Enkelgeneration der Meinung: Die Jugend von heute ist grundsätzlich schlecht. Er will seine Ruhe und duldet keine Störung. Kinder, die auf dem Spielplatz herumtollen, hält er für schlecht erzogen. Da dieser Opa wenig spricht, wirkt er ein bisschen unheimlich. Weil er ganz plötzlich und unvermittelt aus der Haut fahren kann, auch einschüchternd. So ein Opa ist total desinteressiert an anderen Menschen und hat keine Toleranz.

Nörgeln löst keine Probleme

Wer sich aufs Nörgeln verlegt, muss sich nicht wundern, wenn die Probleme ständig größer werden, anstatt zu verschwinden. Nörgler sind unzufrieden mit sich und ihrer Welt. Meistens haben sie ihr Umfeld fest im Griff und erlangen nörgelnd Dominanz. Nur damit Opa nicht ständig nörgelt, werden für ihn unter Umständen Regeln oder Abläufe geändert. Sich solchen Nörglern entgegenzustellen und sie erfolgreich in die Schranken zu weisen, erfordert sehr viel Mut und Kraft.

Wie umgehen mit Nörglern?

Passiv, indem Sie die Nörgelei kommentarlos stehen lassen und solche Menschen nicht noch dabei bestärken. Sie sollten sich bewusst machen, dass Sie keine Verantwortung für die negativen Gefühle Ihres Mitmenschen übernehmen müssen.

Gegenargumente bringen

Dem Wetternörgler können Sie klarmachen, dass dieser Regentag erst der zweite nach drei Wochen durchgehendem Sonnenschein ist. Jedoch ist der Erfolg ungewiss. Gegenargumente mögen bei jüngeren Menschen vielleicht noch fruchten, bei nörgelnden Opas aber dürfte es schwieriger sein. So ein Opa wird sofort auf ein anderes Feld umschwenken, einen neuen Nörgelplatz eröffnen, weil er nörgeln will. Wichtig ist, dass wir keine Opferrolle gegenüber Nörglern einnehmen dürfen. Wir sind auch nicht ihr »Blitzableiter«.

Was ein Nörgel-Opa verändern sollte

Anstatt über die wie verrückt tobenden Enkel zu meckern, sollte er sich mit ihnen beschäftigen. Dabei würden sich alle Beteiligten besser kennenlernen, Opa hätte die tobende Meute im Griff und könnte sie lenken. Von so einem lassen sie sich auch zurechtweisen. Anstatt über die Fußspuren auf dem Blumenbeet zu schimpfen, könnte sich Opa die Zeit nehmen, seine Enkel an Gartenarbeit heranzuführen. Wenn die ihr eigenes Beet pflegen dürfen, werden sie jeden, der darauf herumtrampelt, zur Schnecke machen. Denn nun haben sie begriffen, wie viel Fleiß und Mühe in jeder blühenden Tulpe und jeder geernteten Tomate stecken. Anstatt über Kinder zu nörgeln, die sich nur langweilen, sollte Opa mit ihnen Bücher lesen oder Bildbände anschauen, ihnen von früher erzählen, sich mit ihnen abgeben. Das wird für alle Beteiligten eine höchst interessante Zeit werden. Aus einem introvertierten *Nörgel-Opa* wird niemals ein Entertainment-Opa werden. Dennoch haben solche nach innen gekehrten Menschen ihre Vorzüge. Bei ihnen kommen die Kinder zur Ruhe, wenn sie sich ihnen anpassen.

Einschätzung

Einmischen: Der Nörgel-Opa mischt sich ein, indem er alles kritisieren muss und stets unzufrieden ist.

Ignorieren: Er ignoriert alle Argumente, die seine Kritik entkräften könnten.

Toleranz: keine

Respekt: keinen

Wohlwollen: keines

Es gibt manches deutsche Wort, das sich vom negativen zum positiven Verständnis gewandelt hat; so auch das Wort Schlitzohr. Früher benannte es Betrüger und Gauner, heute jemanden, der geschickt sein Vorhaben umzusetzen versteht. Schlitzohrigkeit bedeutet inzwischen, dass jemand klug und gewieft seine Ziele verfolgt. Ja, sogar ein gewisses Maß an Diplomatie wird solchen Personen nachgesagt.

Der *Schlitzohr-Opa* ist ein Pfiffikus, schlau und listig, dazu noch ein feiner Kumpel und bei seinen Enkelkindern sehr beliebt. Seine Gesellschaft ist nicht zuletzt darum so begehrt, weil man von ihm nie hört: »Lass' das, das ist nicht erlaubt!« Oder »komm da sofort runter, wenn das die Leute sehen!« Der *Schlitzohr-Opa* ist außergewöhnlich, was den Umgang mit den Enkeln angeht. Bei ihm dürfen sie fast alles. Seine Besonnenheit macht ihn zu einem ganz besonderen Menschen.

Was auch auf die Enkel abfärbt. Während Opa brav nach Eintrittskarten für das Schwimmbad ansteht, haben sie sich geschickt nach vorne durchgearbeitet und Opa muss nur noch bezahlen.

Erlebnisse von bleibendem Wert

Unternehmungen mit dem *Schlitzohr-Opa* bleiben für die Enkel unvergesslich. Nur daheim berichten sie weniger ausführlich. Denn was ist das für ein »pädagogisches Vorbild«, das den Enkeln beibringt, sich elegant durchzuwinden? Wie sollen sie jemals Rücksicht lernen, wenn der *Schlitzohr-Opa* ihnen beibringt, notfalls im Gedränge beide Ellenbogen auszufahren?

So denken jedenfalls die Eltern und Oma. Sie schlagen die Hände überm Kopf zusammen, während die Enkel mit leuchtenden Augen vom gelungenen Nachmittag berichten.

»Aber ihr hattet doch gar nichts zu essen dabei!«, rufen sie, wenn die Enkel euphorisch vom Picknick am See berichten. Macht nichts, es saßen genug Leute vor ihren Grillrosten, da ist Opa von einem zu andern gegangen, bis er was Passendes fand und hat es geschafft, dass man sie einlud. »Das gehört sich doch nicht!«, wird Oma rufen. Den Enkeln ist es egal. Ob geschnorrt oder anders, sie sind jedenfalls satt.

Unlängst fuhren wir in Berlin-Kreuzberg am Waterloo-Ufer vorbei. Eine dichte Rauchwolke hing über der Straße und wir vermuteten zunächst einen Häuserbrand. Aber dann sahen wir es: dicht an dicht standen auf dem Uferstreifen Grill an Grill. Es war gerade islamisches Zuckerfest. Ganz klar: das wäre ein Eldorado für einen Schlitzohr-Opa!

Schlitzohr-Opa hat gewiefte Enkel

Weil Vater und Mutter androhen, in Zukunft Opa-Enkel-Unternehmungen zu verbieten, sind die Enkel allmählich vorsichtig, wenn es um einen ausführlichen Bericht vom Nachmittag mit Opa geht. Ja, sie waren Bootfahren wie geplant. Ja, Opa hat wirklich das Boot ganz offiziell gemietet. Dass sie auf den See gerudert sind und dort gebadet haben, obwohl das verboten ist, erzählen sie lieber nicht. Spaß hat es aber gemacht. Dass Opa auf dem Hinweg der alten Frau, die sich über die lauten Enkel im Bus beschwerte, unverblümt sagte, was er von so einer Spinatwachtel hält, auch nicht.

Dass ihnen die Bahn vor der Nase davon fuhr und Opa mit einem Lastwagenfahrer verhandelte, der sie auf der Ladefläche mitnahm und am Stadtrand absetzte, erfahren die Eltern erst, wenn die Enkel selber wieder Kinder haben.Schlaue Enkelkinder bleiben deswegen sehr vage, wenn sie nach dem Nachmittag mit Opa gefragt werden. Sie sagen »war gut«, »alles in Ordnung« oder nicken nur und bleiben einsilbig. Das Ganze bleibt ihr Geheimnis. Um aufkommende Missverständnisse auszuräumen: Der *Schlitzohr-Opa* ist niemand, der Situationen mit krimineller Energie meistert, sondern ein Meister der jeweiligen Situation. Er versteht, aus allem etwas Brauchbares zu machen. Ist ihnen ein Weg versperrt, findet er sein Ziel trotzdem, aber eben auf ungewöhnlichen Wegen. Pfiffig gelingt ihm immer ein Ausweg. Wo andere aufgeben und umdrehen, ist für den *Schlitzohr-Opa* noch lange nicht Schluss. Denn Opa ist eine Art Lebenskünstler. Keinesfalls hält er seine Enkel zur Geheimniskrämerei vor den Eltern oder der Oma an. Er kann damit leben, wenn sie alles haarklein erzählen. Wenn sie es nicht tun, ist es ihre Entscheidung. Die Enkel lernen von ihm wie man beharrlich sein Ziel verfolgt. Wie er werden sie bei einem Misserfolg nicht den Kopf in den Sand stecken, sondern nach Auswegen suchen und sie auch finden.

Einschätzung

Einmischen: Der Schlitzohr-Opa mischt sich nicht ein, weil er zu sehr mit seinem alltäglichen Leben beschäftigt ist.

Ignorieren: Weil er oft mit sich beschäftigt ist, hat er keinen Blick für die Sorgen und Nöte seiner Kinder. Aber wenn er darauf aufmerksam gemacht wird, ist er zur Stelle, jedoch ohne Plan und Struktur. Darum bittet man ihn nur im Notfall.

Toleranz: Der Schlitzohr-Opa ist tolerant, ihn bringt nichts aus der Ruhe.

Respekt: Der Schlitzohr-Opa respektiert nicht, wenn *geschlossen* an der Tür steht. Ihn zu respektieren fällt der Familie manchmal schwer.

Wohlwollen: Der Schlitzohr-Opa ist immer wohlwollend penetrant, um sein Ziel zu erreichen. Opa fühlt sich nie als Opfer, sondern sucht einen Ausweg. Er bringt andere in die Bredouille, weshalb ihnen schwerfällt, ihm gegenüber wohlwollend zu sein.

Der *Rechthaber-Opa* weiß alles und vor allem weiß er alles besser. Er ist ein typischer Besserwisser. Worte wie: Hätte, sollte, würde, gehen ihm ständig über die Lippen. Er weiß auch dort alles besser, wo er eigentlich keine Ahnung hat. Ob in der Firma des Sohnes oder bei der Arbeit der Schwiegertochter oder bei der Abiturprüfung des Enkelkindes.

Der *Rechthaber-Opa* schneidet jedem das Wort ab und legt los. Mit dem *Rechthaber-Opa* ist kein Gespräch möglich, weil er sofort alles an sich reißt und einen Monolog führt. Er belehrt und peitscht ein, steigert sich hinein. Seine Argumente schöpft er meistens aus Halbwissen, daher ist seine Rhetorik eine vom Stammtisch. Natürlich merkt er, dass ihn keiner mehr für voll nimmt, was die Atmosphäre kein bisschen verbessert. Er duldet keine andere Meinung, sondern kanzelt jeden ab, der nicht mit ihm übereinstimmt. Vernünftigen Argumenten ist er nicht zugänglich.

Schwieriger Umgang

Der Umgang mit Rechthabern oder Besserwissern ist mühsam und belastend für das Umfeld.

Denn Besserwissern geht es nicht um Substanz, sondern um Selbstdarstellung und Unfehlbarkeit. Meistens sind Rechthaber auch Dauerredner, die sich ständig ein neues Stichwort geben oder eines nehmen, indem sie Gegenargumenten unsachlich begegnen. Rechthaber sind von sich restlos begeistert, auch wenn sie sich selber widersprechen. Anstatt anzupacken, führt Opa auf der Baustelle große Reden, erklärt den Bauarbeitern die Weltlage und wie er früher, zu seiner Zeit, gebaut hätte, wenn er gebaut hätte.

Warum tut er das?

Vor allem Narzissten neigen zur Besserwisserei. Besserwisser haben eine geringe emotionale Intelligenz und ein geringes Selbstwertgefühl. Deswegen müssen sie sich und andern ihre angebliche Überlegenheit beweisen. Daher sind sie auch immun gegen jede Art der Belehrung. Wenn sie behaupten, der Himmel sei grün, dann begründen sie das und werden dem Rest der Menschheit schon beibringen, dass sie Recht haben. Solange, bis alle andern entnervt zustimmen: Der Himmel ist grün.

Im Märchen *Meister Pfriem* der Gebrüder Grimm wird so ein Besserwisser treffend beschrieben.

MEISTER PFRIEM

Meister Pfriem war ein kleiner, hagerer, aber lebhafter Mann, der keinen Augenblick Ruhe hatte. Sein Gesicht, aus dem nur die aufgestülpte Nase vorragte, war pockennarbig und leichenblass, sein Haar grau und struppig, seine Augen klein, aber sie blitzten unaufhörlich rechts und links hin. Er bemerkte alles, tadelte alles, wusste alles besser und hatte in allem recht. Ging er auf der Straße, so ruderte er heftig mit beiden Armen, und einmal schlug er einem Mädchen, das Wasser trug, den Eimer so hoch in die Luft, dass er selbst davon begossen ward. »Schafskopf«, rief er ihr zu, indem er sich schüttelte, »konntest du nicht sehen, dass ich hinter dir herkam?«

Seines Handwerks war er ein Schuster, und wenn er arbeitete, so fuhr er mit dem Draht so gewaltig aus, dass er jedem, der sich nicht weit genug in der Ferne hielt, die Faust in den Leib stieß. Kein Geselle blieb länger als einen Monat bei ihm, denn er hatte an der besten Arbeit immer etwas auszusetzen. Bald waren die Stiche nicht gleich, bald war ein Schuh länger, bald ein Absatz höher als der andere, bald war das Leder nicht hinlänglich geschlagen. »Warte«, sagte er zu dem Lehrjungen, »ich will dir schon zeigen, wie man die Haut weich schlägt«, holte den Riemen und gab ihm ein paar Hiebe über den Rücken. Faulenzer nannte er sie alle. Er selber brachte aber doch nicht viel vor sich, weil er keine Viertelstunde ruhig sitzen blieb. War seine Frau frühmorgens aufgestanden und hatte Feuer angezündet, so sprang er aus dem Bett und lief mit bloßen Füßen in die Küche. »Wollt ihr mir das Haus anzünden?«, schrie er. »Das ist ja ein Feuer, dass man einen Ochsen dabei braten könnte! Oder kostet das Holz etwa kein Geld?«

Standen die Mägde am Waschfass, lachten und erzählten sich, was sie wussten, so schalt er sie aus: »Da stehen die Gänse und schnattern und vergessen über dem Geschwätz ihre Arbeit. Und wozu die frische Seife? Heillose Verschwendung und obendrein eine schändliche Faulheit. Sie wollen die Hände schonen und das Zeug nicht ordentlich reiben.« Er sprang fort, stieß aber einen Eimer voll Lauge um, so dass die ganze Küche überschwemmt ward. Richtete man ein neues Haus auf, so lief er ans Fenster und sah zu. »Da vermauern sie wieder den roten Sandstein«, rief er, »der niemals austrocknet; in dem Haus bleibt kein Mensch gesund. Und seht einmal, wie schlecht die Gesellen die Steine aufsetzen. Der Mörtel taugt auch nichts. Kies muss hinein, nicht Sand. Ich erlebe noch, dass den Leuten das Haus über dem Kopf zusammenfällt.«

Er setzte sich und tat ein paar Stiche, dann sprang er wieder auf, hakte sein Schurzfell los und rief: »Ich will nur hinaus und den Menschen ins Gewissen reden.« Er geriet aber an die Zimmerleute. »Was ist das?«, rief er. »Ihr haut ja nicht nach der Schnur. Meint ihr, die Balken würden geradstehen? Es weicht einmal alles aus den Fugen.« Er riss einem Zimmermann die Axt aus der Hand und wollte ihm zeigen, wie er hauen müsste, als aber ein mit Lehm beladener Wagen herangefahren kam, warf er die Axt weg und sprang zu dem Bauer, der nebenher ging. »Ihr seid nicht recht bei Trost«, rief er, »wer spannt junge Pferde vor einen schwerbeladenen Wagen? Die armen Tiere werden Euch auf dem Platz umfallen.« Der Bauer gab ihm keine Antwort, und Pfriem lief vor Ärger in seine Werkstätte zurück. Als er sich wieder zur Arbeit setzen wollte, reichte ihm der Lehrjunge einen Schuh. »Was ist das wieder?«, schrie er ihn an. »Habe ich euch nicht gesagt, ihr solltet die Schuhe nicht so weit ausschneiden? Wer wird einen solchen Schuh kaufen, an dem fast nichts ist als die Sohle? Ich verlange, dass meine Befehle unmangelhaft befolgt werden.« »Meister«, antwortete der Lehrjunge, »Ihr mögt wohl recht haben, dass der Schuh nichts taugt, aber es ist derselbe, den Ihr zugeschnitten und selbst in Arbeit genommen habt. Als Ihr vorhin aufgesprungen seid, habt Ihr ihn vom Tisch herabgeworfen, und ich habe ihn nur aufgehoben. Euch könnte es aber ein Engel vom Himmel nicht recht machen.«

Meister Pfriem träumte in einer Nacht, er wäre gestorben und befände sich auf dem Weg nach dem Himmel. Als er anlangte, klopfte er heftig an die Pforte: »Es wundert mich«, sprach er, »dass sie nicht einen Ring am Tor haben, man klopft sich die Knöchel wund.« Der Apostel Petrus öffnete und wollte sehen, wer so ungestüm Einlass begehrte. »Ach, Ihr seid's, Meister Pfriem«, sagte er, »ich will Euch wohl einlassen, aber ich warne Euch, dass Ihr von Eurer Gewohnheit ablasst und nichts tadelt, was Ihr im Himmel seht. Es könnte Euch übel bekommen.«

»Ihr hättet Euch die Ermahnung sparen können«, erwiderte Pfriem, »ich weiß schon, was sich ziemt, und hier ist, Gott sei Dank, alles vollkommen und nichts zu tadeln, wie auf Erden.«

Er trat also ein und ging in den weiten Räumen des Himmels auf und ab. Er sah sich um, rechts und links, schüttelte aber zuweilen mit dem Kopf oder brummte etwas vor sich hin. Indem erblickte er zwei Engel, die einen Balken wegtrugen. Es war der Balken, den einer im Auge gehabt hatte, während er nach dem Splitter in den Augen anderer suchte. Sie trugen aber den Balken nicht der Länge nach, sondern quer. Hat man je einen solchen Unverstand gesehen?, dachte Meister Pfriem; doch schwieg er und gab sich zufrieden: Es ist im Grunde einerlei, wie man den Balken trägt, geradeaus oder quer, wenn man nur damit durchkommt, und wahrhaftig, ich sehe, sie stoßen nirgend an.

Bald hernach erblickte er zwei Engel, welche Wasser aus einem Brunnen in ein Fass schöpften, zugleich bemerkte er, dass das Fass durchlöchert war und das Wasser von allen Seiten herauslief. Sie tränkten die Erde mit Regen. »Alle Hagel!«, platzte er heraus, besann sich aber glücklicherweise und dachte: Vielleicht ist's bloßer Zeitvertreib; macht's Spaß, so kann man dergleichen unnütze Dinge tun, zumal hier im Himmel, wo man, wie ich schon bemerkt habe, doch nur faulenzt.

Er ging weiter und sah einen Wagen, der in einem tiefen Loch steckengeblieben war. »Kein Wunder«, sprach er zu dem Mann, der dabeistand, »wer wird so unvernünftig aufladen? Was habt Ihr da?« »Fromme Wünsche«, antwortete der Mann, »ich konnte damit nicht auf den rechten Weg kommen, aber ich habe den Wagen noch glücklich heraufgeschoben, und hier werden sie mich nicht steckenlassen.« Wirklich kam ein Engel und spannte zwei Pferde vor. »Ganz gut«, meinte Pfriem, »aber zwei Pferde bringen den Wagen nicht heraus, viere müssen wenigstens davor.« Ein anderer Engel kam und führte noch zwei Pferde herbei, spannte sie aber nicht vorn, sondern hinten an. Das war dem Meister Pfriem zu viel. »Tollpatsch«, brach er los, »was machst du da? Hat man je, solange die Welt steht, auf diese Weise einen Wagen herausgezogen? Da meinen sie aber, in ihrem dünkelhaften Übermut, alles besser zu wissen.« Er wollte weiterreden, aber einer von den Himmelsbewohnern hatte ihn am Kragen gepackt und schob ihn mit unwiderstehlicher Gewalt hinaus. Unter der Pforte drehte der Meister noch einmal den Kopf *nach dem Wagen und sah, wie er von vier Flügelpferden in die Höhe gehoben ward.*

In diesem Augenblick erwachte Meister Pfriem. »Es geht freilich im Himmel etwas anders her als auf Erden«, sprach er zu sich selbst, »und da lässt sich manches entschuldigen, aber wer kann geduldig mit ansehen, dass man die Pferde zugleich hinten und vorn anspannt? Freilich, sie hatten Flügel, aber wer kann das wissen? Es ist übrigens eine gewaltige Dummheit, Pferden, die vier Beine zum Laufen haben, noch ein Paar Flügel anzuheften. Aber ich muss aufstehen, sonst machen sie mir im Haus lauter verkehrtes Zeug. Es ist nur ein Glück, dass ich nicht wirklich gestorben bin.« Quelle: Kinder- und Hausmärchen, Jacob Grimm, Wilhelm Grimm (Brüder Grimm), 1812-15, KHM 178

Wie kann das Zusammenleben mit Besserwissern gelingen?

Oma oder die erwachsenen Kinder dürfen ruhig mal kontern oder humorvoll parieren: »Jetzt wissen wir das auch« oder »vielen Dank, Herr Lehrer!« Den Enkelkindern wird das Kontern nicht gelingen, sie werden schnell in einen Streit mit dem *Rechthaber-Opa* verwickelt sein, weil der ihre Fakten nicht anerkennen will. Das könnte dem Kind das Vertrauen rauben, weshalb man den Enkeln beibringen sollte, Opas wortreiche Tiraden einfach zu überhören, dass zwei plus zwei fünf ergibt. Hinausgehen, sich an seinen Schreibtisch setzen und die Matheaufgabe lösen wie die Regeln es gebieten: Zwei plus zwei ist vier.

So werden es auch die Erwachsenen halten. Sie erhöhen die innere Distanz und lassen sich auf keine Diskussion mehr ein. Sie lassen ihn reden und hören einfach nicht mehr hin. Er ist wie Ekel-Alfred aus der bekannten Fernsehserie *Ein Herz und eine Seele*. Solche Menschen haben kaum Akzeptanz in ihrer Familie.

Einschätzung

Einmischen: Der Rechthaber-Opa muss immer und zu allem ungefragt seine Meinung kundtun. »Ich hätte aber, dem würde ich...« Opa weiß alles und alles besser.

Ignorieren: Er ignoriert beharrlich, wenn er darauf aufmerksam gemacht wird, dass er von diesem oder jenem überhaupt keine Ahnung haben kann.

Toleranz: keine

Respekt: keiner

Wohlwollen: keines

Kein echter Abenteurer

Der *Abenteuer-Opa* ist nicht mit dem Abenteurer und Extremsportler Jochen Schweizer vergleichbar. Denn solche Menschen planen ihre Unternehmungen akribisch. Sie überlassen nichts dem Zufall, sondern erzielen durch sorgfältige Vorbereitung den größtmöglichen Effekt. Aber darum geht es dem *Abenteuer-Opa* auch gar nicht. Detailliertes Vorbereiten ist sowieso nicht so sehr sein Ding. Darin ist er dem *Exoten-Opa* ein bisschen ähnlich.

Wir haben diesen Typen *Abenteuer-Opa* getauft, weil jedes Vorhaben, das er veranstaltet, auf ein Abenteuer hinaus läuft. Selbst wenn Oma ihn nur um die Ecke zum Brötchenholen schickt, könnte das anders enden, als gemeinhin angenommen. Denn es kann passieren, Opa trifft einen guten Bekannten, kommt ins Gespräch und steigt sogleich, natürlich ohne Oma Bescheid zu sagen, zu ihm ins Auto, um sich dessen neues Bewässerungssystem im Schrebergarten zeigen zu lassen. Wenn er dann am frühen Nachmittag endlich wieder auftaucht, stellt er fest, dass er Badelatschen an den Füßen trägt und noch im Unterhemd ist, weil er doch eigentlich nur schnell Brötchen holen wollte.

Der Abenteuer-Opa ist spontan und unberechenbar

Er plant vorher nicht groß, sondern setzt seine Einfälle augenblicklich um. Wenn ihm und dem Enkel im Januar nachmittags einfällt, sie könnten doch mit dem Bus in den Freizeitpark fahren, werden sie sofort aufbrechen, um dann feststellen zu müssen, dass der Freizeitpark erst an Ostern wieder öffnet und kein Bus mehr zurückfährt. Opa wird dann per Anhalter bis zum nächsten Bahnhof fahren, den Enkel zu McDonalds einladen und alles ist gut. Das Kind wird, solange

Opa seine Ruhe bewahrt, kein Defizit empfinden. Dass der Park geschlossen ist, stört nicht. Aber wenn der letzte Zug zu nachtschlafender Zeit erst daheim ankommt, gibt's Stress mit den Eltern.

Gekonnt improvisieren

Dieser Opa ist ein Meister der Improvisation, was den Enkeln neben Abenteuern auch einen unersetzlichen Lehrgewinn bescheren könnte. Dieser Opa ist geradezu gezwungen zum Improvisieren, es ist seine zweite Natur, anders käme er nicht durchs Leben. In geordneten Bahnen fühlt er sich nicht wohl und käme damit auch nicht zurecht.

Selbst wenn er mit einer Reisegruppe unterwegs ist, wird er alles durcheinanderbringen, weil er hinter der Autobahnraststätte noch einen Schleichweg entdeckte, den er unbedingt ein Stückchen erkunden wollte. Dabei verlief er sich, die Reisegruppe musste nach ihm suchen und der Zeitplan verzögerte sich. Oder aber man suchte nicht nach ihm, und er war gezwungen, irgendwie dem Bus hinterherzukommen, was ihm natürlich gelang, denn er meistert seine unfreiwilligen Abenteuer stets souverän. Es geht alles. Irgendwie. Man muss sich nur zu helfen wissen. Man bequatscht die Leute, man disponiert blitzschnell um, wenn dieser Weg nicht geht, geht ein anderer. Man jammert nicht, sondern sucht nach Lösungen. Natürlich sind nach Opas Sicht die andern schuld an dem ganzen Dilemma. Warum muss der Reiseleiter auch so einen engen Zeitplan haben? Warum schließen Freizeitparks im Winter?

Auf der Baustelle macht er die Bekanntschaft des neuen Nachbarn und schon ist er auf dessen Baustelle verschwunden, anstatt den Sand zu sieben.

Das Enkelkind lernt zu vertrauen. Opa macht das schon. Opa kann das, Opa schafft das. Ein *Abenteuer-Opa* kennt keine Probleme, nur Lösungen. Ein großer Lehrgewinn fürs Leben.

Einschätzung

Einmischen: Der Abenteuer-Opa ist ein Mensch, der sich nicht groß in Familienangelegenheiten einmischt, weil er viel zu sehr mit sich beschäftigt ist.

Ignorieren: Er ignoriert alles, was außerhalb seiner Welt ist. Ob der Enkel für die Mathearbeit am nächsten Tag zu lernen hat, ist ihm egal, er zieht seinen spontanen Plan durch. Er geht manchmal mit dem Kopf durch die Wand.

Toleranz: Seine Toleranzschwelle ist äußerst niedrig.

Respekt: Er respektiert keine Grenzen.

Wohlwollen: Wenn der Enkel mitzieht, hat er Opas Wohlwollen, andernfalls wird er fallengelassen und Opa zieht sein Ding alleine durch.

Der *Sponsor-Opa* hat ein Manipulationsmittel in der Hand, mit dem er alles steuern kann: sein Geld. Dafür zwingt er seine Kinder, ihm quasi aus der Hand zu fressen. Nach dem Motto: *Wes Brot ich ess', des Lied ich sing'*, versucht er seine Familie wie Spielfiguren zu schieben. Wenn du spurst, soll es dein Schade nicht sein. Manches erwachsene Kind lässt sich darauf ein, aus finanzieller Not oder Bequemlichkeit, denn Opa sagt, er will nur ihr Bestes.

Opa gönnt sich selbst nichts

Er selbst lebt sparsam und genügsam. Geldausgeben hält er für den Beginn der schiefen Bahn.

Sich selbst etwas gönnen oder zu genießen – für Opa undenkbar und ein Frevel. Doch schmeichelt es ihm sehr, wenn seine Kinder ihn um Geld bitten müssen. Dann schlüpft er in die Rolle eines Grafen, der seinen Untertanen gönnerhaft zugetan ist. Er wird seine Kinder niemals ohne Gewährung ihrer Bitte davon ziehen lassen, jedoch gehen sie immer mit schlechtem Gewissen, den Opa an den Bettelstab gebracht zu haben und dem Gefühl, unfähig im Leben zu sein. Während sich Opa stark und mächtig fühlt, hat er aus seinen Kindern und Enkeln Bettler und Habenichtse gemacht. Opa genießt seine finanzielle Macht.

Finanzielle Macht verdeckt Opas Defizit

Wenn er wirklich einen verschwenderischen Sohn hat, warum gibt er ihm dann noch Geld? Weil dieser Opa eigentlich nicht nein sagen kann. Er zetert zwar wie ein Nörgel-Opa, aber am Ende erreichen Bittsteller, was sie wollten. Das Geschimpfe werden sie ertragen. Ein vernünftiges Gespräch wäre sinnvoll. Vielleicht sollte Opa den Sohn, die Tochter oder die Enkel einmal in ordentliches finanzielles Haushalten einführen. Die

Bedeutung des magischen Satzes: Das können wir uns nicht leisten, erklären. Wenn es nicht fruchtet, sein Portemonnaie nicht öffnen, sondern Kinder und Enkel auch mal die Folgen spüren lassen. Das hilft mehr als jede Meckerei.

Denn Geld ist kein familiäres Bindemittel.

Einschätzung

Einmischen: Wer von Sponsor-Opas Geld abhängig ist, hat seine Einmischungen zwangsläufig zu ertragen.

Ignorieren: Der Sponsor-Opa ignoriert alle Umstände die andere zum Geldausgeben zwingen.

Toleranz: Verbiesterte Sparer haben keine Toleranz.

Respekt: Der Sponsor-Opa respektiert nur Sparer.

Wohlwollen: Nur für Menschen mit gefülltem Konto.

Wie die Hyper(kre)aktiv-Oma ist ein *Reparier-Opa* ein besonderer Glücksfall im Haus. Der *Heimwerker-Opa* sieht merkwürdig aus, wenn er mal was anderes anhat, als seine Werkstattkluft. Im Anzug fühlt er sich auch nicht wohl. Sein »Wohnzimmer« ist seine Werkstatt. Hier hat er Schrauben und Nägel gesammelt und Ersatzteile aller Art gehortet.

Opa repariert alles, ob den Badewannenabfluss oder das Fenster, den Geschirrspüler oder den Gartentisch. Opa ist für Haus, Hof und Garten zuständig. Er baut Schränke zusammen oder auseinander, dübelt Regale an.

Heimwerker mit Leib und Seele

Andere Interessen hat er nicht. In seiner Werkstatt hält er sich am liebsten auf, hier ist er ungestört. An Feiertagen, wenn die Familie zusammenkommt, fühlt er sich unbehaglich und wird den geeigneten Augenblick nutzen, um gleich wieder zu verschwinden und irgendwas zu reparieren.

Daher ist es für ihn ein Glücksfall, dass die Familie baut, denn nun kann er in seiner Rolle voll aufgehen und auf seine Kosten kommen.

Auch wenn seine Familie diesen Opa mit seinen goldenen Händen sehr zu schätzen weiß, ansonsten gibt es leider kaum Berührungspunkte. Opa ist in seiner Werkstatt eigentlich mehr mit sich beschäftigt, als mit seiner Umwelt. Das ist schade. Würde er daraus eine Lehr- und Lebensschule machen, d. h. seinem Enkel dies und das beibringen und noch ein paar Lebensweisheiten dazu, wäre es perfekt.

Einschätzung

Einmischen: Auf die indirekte Art. Ehe sich's die Hausfrau versieht, hat er ungefragt ihren Herd zerlegt, weil ja das rote Lämpchen nicht leuchtet.

Ignorieren: Alles, was außerhalb seiner Heimwerkerwelt liegt. Schimpfen die andern über die Schule, weiß er nur, das ist das Gebäude mit dem falsch herum gedeckten Dach.

Toleranz: Der Heimwerker-Opa toleriert keine Schluderei.

Respekt: nur vor handwerklicher Arbeit.

Wohlwollen: Wenn der Enkel nach ihm gerät. Sollte er handwerklich unbegabt sein, hat er kein Wohlwollen beim Opa.

Moderner Opa

Der *Genießer-Opa* hat ein arbeitsreiches Leben hinter sich. Er war fleißig und hat sich hochgearbeitet. Über Jahrzehnte hielt er seiner Firma die Treue. Dafür wurde er mit etlichen Stufen auf der Karriereleiter und entsprechendem Gehalt belohnt, weshalb er auf nicht unerhebliche finanzielle Mittel im Alter zurückgreifen kann. Im Unterschied zum Entertainment-Opa wendet er sich aber nicht den Enkeln zu, sondern kümmert sich ausschließlich um sein eigenes Wohlergehen und das von Oma.

Er ist noch rüstig und vital und will seinen Ruhestand so richtig genießen. Zeitlebens hat er finanziell dafür vorgesorgt und gleich, nach dem Eintritt ins Rentnerdasein, mit Oma eine Kreuzfahrt gemacht. Danach wurde er Mitglied im Golfklub, erwarb ein Segelboot und ein Wohnmobil.

Jetzt ist er täglich voll beschäftigt. Jeden Mittwoch golfen, von Donnerstag bis Montag mit dem Segelboot auf dem Wasser. Im Frühjahr und Herbst bummeln sie per Wohnmobil durch die Lande.

Für den nächsten Winter schaut Opa gerade nach Wohnmöglichkeiten auf den Kanaren oder Balearen. Dergestalt hat Opa überhaupt keine Zeit für den Rest der Familie. Er lässt sie gerne ihr Bauvorhaben verwirklichen, aber ohne ihn. Er schaut nur vorbei, wenn er gerade mal daheim ist.

Wenig Interesse am Rest der Familie

Er bekundet kein spezielles Interesse an seinen Enkeln. Wenn sie mitgehen wollen, bitteschön, wenn nicht, auch gut. Er wird nicht um ihre Anwesenheit werben, lässt sich aber nicht lange bitten, wenn sie mitwollen. Nur dürfen sie ihn nicht behindern bei seinen Aktionen, am besten, sich nicht bemerkbar machen. Das bedeutet: Opa sitzt hinterm Lenkrad und weiß das Ziel. Ihm wird nicht einfallen, den am Wege liegenden Freizeitpark anzusteuern, um dort mit dem Enkel einen kindgerechten Nachmittag verbringen. Er fährt geradewegs zu der Schlucht, die er sich schon lange mal anschauen wollte oder zu dem nächstgelegenen 18-Loch-Golf-Platz. Der Enkel darf dann die Schläger reichen und zuschauen. Er darf auch mitmachen, aber Opa wird ihm einen Coach an die Seite stellen, damit er nicht gestört wird.

Der *Genießer-Opa* ist ein wenig selbstgerecht und selbstgefällig. Denn, so seine Meinung, jeder in unserm Land hat die Möglichkeit und das Recht mit seiner Hände Arbeit ein gewisses Maß an Wohlstand zu erwirtschaften, um davon im Alter dann zu profitieren. Dass für viele, vielleicht auch seine Kinder, die Realität anders aussieht, interessiert ihn kaum.

Abends bringt Opa den Enkel nicht ins Bett, der Kleine besorgt das selbstständig. Aber Opa wird nicht weggehen vom Wohnmobil und das Kind unbeaufsichtigt lassen. Dafür kommen seine Bekannten zu ihm.

Der *Genießer-Opa* genießt alles – nur nicht seine Familie. Der *Genießer-Opa* ist ein Egozentriker, der vielleicht noch stolz ist auf seine Unabhängigkeit, der aber völlig verdrängt, dass er als Familienoberhaupt eine Aufgabe an der nachfolgenden Generation hat. Die Enkel sind für ihn nur »Butterbrot«, er kennt sie gerade mal mit Namen. Sie werden geduldet, aber nicht aktiv eingebunden. Wenn das Enkelkind ihm darin ähnlich ist, kann es auch in diesem Fall viel vom Opa lernen und die Zeit mit ihm wird gewinnbringend sein. Sieh zu, dass du es zu was bringst im Leben, wird der *Genießer-Opa* mantraartig wiederholen, dann kannst du im Alter gut davon leben. Braucht es aber Zuwendung, ist das Enkelkind bei diesem Opa nicht gut aufgehoben. Der *Genießer-Opa* bleibt immer ein etwas distanzierter Opa.

Einschätzung

Einmischen: Der Genießer-Opa mischt sich nicht in Familienangelegenheiten. Er wird seinem Sohn höchstens empfehlen, doch auch mal einen großen Segeltörn zu unternehmen und dabei ignorieren, dass dieser gerade ein Haus baut und die Familie Nachwuchs erwartet.

Ignorieren: Er ist sein eigener Herr und übersieht dabei die Lebenssituation der andern.

Toleranz: Als Egozentriker hat er kaum Toleranz.

Respekt: Er respektiert nur seinesgleichen.

Wohlwollen: Kann sein Enkel von ihm erwarten, wenn er mitzieht. Ansonsten steht er nur sich selbst wohlwollend gegenüber.

Echte Gelehrsamkeit ist keine Besserwisserei

Der *Stubengelehrter-Opa* ist das Gegenteil vom *Rechthaber-Opa*. Der *Stubengelehrter-Opa* ist immer noch neugierig aufs Leben. Er will den Dingen auf den Grund gehen. Seine ständige Frage lautet: Warum ist das so? Wieso funktioniert etwas wie es funktioniert? Wer hat's erfunden? Woher kommt das? Und er gibt keine Ruhe, bis er die Antwort gefunden hat.

Gemeinsam forscht es sich viel effektiver...

...ist der Wahlspruch des *Stubengelehrter-Opas*. Am liebsten nimmt er seine Enkel dabei mit. Denn Oma mag seine wissenschaftlichen Vorträge allmählich nicht mehr hören. Seine Söhne und Töchter gehen ihm auch gerne aus dem Weg, denn sie haben andere Sorgen, als sich anzuhören, dass man neuerdings das mit den DNA-Tests ganz anders anpackt.

Opa verschwendet oft sein Wissen

Der *Stubengelehrter-Opa* findet nie die richtige Situation, sein Wissen an den Mann zu bringen. Während einer Beerdigung doziert er auf dem Weg zum Grab über aktuelle Methoden der Obduktion, die er der neuesten *Spiegel*ausgabe entnommen hat. Beim Krankenbesuch erklärt er ungewöhnliche Bestattungsformen und beim Essen schwadroniert er über Toiletten in Südamerika. Dass ihm in solchen Situationen kein Gehör geschenkt wird, frustriert natürlich und Opa glaubt, es mangele seiner Familie an Respekt. Dabei will er gar kein Besserwisser sein, nur etwas für ihn Wertvolles mit den anderen teilen.

Neuerdings beschäftigt er sich mit Architektur und belästigt die Arbeiter auf der Baustelle mit seiner Quasselei.

Wer lernen kann ist auch belehrbar

Der *Stubengelehrter-Opa* hat kein Problem, das Enkelkind zu fragen, wie der Computer funktioniert, wie er ein E-Mail-Fach einrichten muss und solche Dinge. Er lebt ein Geben und Nehmen mit dem Enkelkind. In seiner Nähe zu sein, bringt beiden Seiten Gewinn. Wenn er das Glück hat, ein ebenso wissbegieriges Enkelkind zu haben, profitieren beide Seiten.

Einschätzung

Einmischen: Der Stubengelehrter-Opa nervt manchmal mit seinen exklusiven Vorträgen zu Themen, die keinen interessieren. Er passt meistens nicht den rechten Augenblick für seine Kommentare ab.

Ignorieren: Ihm ist seine Familie sehr wichtig und auf seine Weise will er einen Beitrag leisten.

Toleranz: Er kann es sich nicht abgewöhnen, andere zu verbessern, weil es ja schon wieder neuere Erkenntnisse gibt.

Respekt: Der Stubengelehrter-Opa hat großen Respekt vor Wissen und Erkenntnis. Besserwisserei ist ihm zuwider.

Wohlwollen: dem fragenden Enkel gegenüber.

Der *Mentoren-Opa* ist ein feinfühliger Mensch, der zur rechten Zeit das rechte Wort hat. Er hat die guten Eigenschaften eines Familienpatriarchen, dessen Wort Gewicht hat. Ihn schätzt und achtet die Familie, weil er sie ebenfalls wertschätzt und respektiert. Zwar fehlt ihm im Gegensatz zum *Gelehrten-Opa* viel wissenschaftliches Detailwissen, aber er hat eine Menge Lebensweisheit parat, die nicht aus Büchern oder Zeitschriften, sondern aus eigener Erfahrung stammt.

Der *Mentoren-Opa* ist in der Lage, aus persönlichem Erleben die richtigen Schlüsse zu ziehen und sie mit anderen zu teilen. Er sieht die Wirklichkeit zwar ungeschönt, aber dennoch dankbar. Der *Mentoren-Opa* weiß, dass man zum Reifen und Wachsen Zeit braucht und dass jeder Mensch eine eigene Persönlichkeit ist, die ihr eigenes Tempo hat. Dass der eine leichter, der andere nicht so schnell aus Erfahrungen lernt. Dass niemand perfekt ist, auch Opa selbst nicht. Dass ein Opa nicht mehr von andern verlangen kann, als er selbst bereit ist, zu geben. Dass Kinder nicht nur Freude, aber auch nicht nur Ärger machen.

Stets gesprächsbereit

Dem *Mentoren-Opa* ist keine Frage zu viel und keine unpassend. Er erklärt dem Enkel die Welt und das Leben. Spaziergänge mit ihm sind von bleibendem und prägendem Wert.

Auch auf der Baustelle nimmt er so manche Tätigkeit zum Anlass, dem Enkel das Leben zu erklären. Er zeigt ihm, wie es aussieht, wenn man das Brett an der dünnsten Stelle bohrt. Er freut sich über fragende Enkel. Für den Enkel ist er der Repräsentant von Schutz, Gelassenheit und Offenheit.

Ewiges Vermächtnis

Opas Weisheiten sind eine Mitgift, an die sich Enkel noch lange erinnern werden. Denn dieser Opa moralisiert nicht, weiß auch nicht alles besser, sondern gibt Wissenslücken zu. Er wird über eigene Fehler ebenso sprechen, wie er sich eines Urteils über seine Mitmenschen enthält.

Dabei weiht er sein Enkelkind auch in die Dinge ein, die das Leben außerhalb messbarer Parameter bestimmen. Er erklärt dem Enkel sein Wertesystem, was ihm wichtig ist und warum.

Opa kennt die höheren Mächte, weiß um die Gefahren des Lebens, aber auch um seine schönen Seiten, kann Gut und Böse unterscheiden, erklärt seinen Wertemaßstab, gibt Wissen und Weisheit weiter. Er drängt sich nicht auf, verlangt auch nicht von den Enkeln die totale Übernahme. Denn er überschätzt seinen Einfluss nicht, ist sich aber sicher, dass er nicht vergebens redet.

Einschätzung

Einmischen: Seine Einmischung wird als angenehm empfunden. Manchmal bittet man ihn sogar darum.

Ignorieren: Der Mentoren-Opa nimmt jeden ernst, ignoriert nur die Dummheit.

Toleranz: Dieser Opa ist tolerant, hält sich nicht für den letzten Gelehrten, bleibt aber bei seinem eigenen Standpunkt.

Respekt: Der Mentoren-Opa respektiert die Meinungen der andern, wird jedoch falsche Meinungen entkräften. Er wird respektiert.

Wohlwollen: Ein Mentoren-Opa begegnet jedem mit Wohlwollen und bekommt viel Wohlwollen.

Der *Mitreißer-Opa* ist eine Mischung aus klassischem Fan, konsequentem Hobbymenschen und kreativem Motivator.

Der *Mitreißer-Opa* ist wie ein Fan absolut, lebt sein Hobby um jeden Preis und unter allen Umständen und motiviert seine Familie, es ihm gleich zu tun, mit aller Kraft. Der *Mitreißer-Opa* hat ein Hobby, eine Freizeitbeschäftigung, die seit frühester Jugend seine freie Zeit ausfüllt. Vielleicht hat er dieses Hobby schon von seinem Großvater oder Vater übernommen. Es kann sich dabei um Fußball handeln, den Angelsport, das Bergsteigen, Modellbahnbau, Briefmarkensammeln oder auch Aktivitäten in einer Kirchengemeinde. Opa tut, was er tut, hundertprozentig, ohne dabei die Familie zu vernachlässigen, denn die hat er alle dazu gebracht, seine Leidenschaft zu teilen. Er nahm z. B. Frau und Kinder einfach mit ins Stadion, sie hatten alle Dauerkarten.

Oder alle haben gelernt, mit Angelrute und Kescher still am Gewässer zu sitzen und zu warten, bis ein Fisch anbeißt.

Dabei lässt Opa sich nicht lumpen, er kauft und finanziert seinen Enkeln, immer wenn es gebraucht wird, neue Bergschuhe, damit sie die Freude am Bergsteigen nicht verlieren. Oder er beteiligt sie alle am Modellbahnbau, macht Familienausflüge zu entsprechenden Messen oder Treffen.

Oder er begeistert sie auch in der Kirchengemeinde, sorgt dafür, dass sich jedes Familienmitglied entsprechend seinen Fähigkeiten, einsetzen kann. Er ist ansteckend in seiner Leidenschaft, er ist echt dabei.

Der *Mitreißer-Opa* verhilft so seinen Enkeln zu sinnvoller Freizeitbeschäftigung, der Familie zu einer identitätsstiftenden Beschäftigung, zu guten Gesprächsthemen und vielen unvergesslichen Erlebnissen. Wenn er selbst begeisterter Eigenheimbesitzer ist, wird die Baustelle der Familie für ihn zu einem Eldorado der Entfaltungsmöglichkeiten.

Einschätzung

Einmischen: Seine Leidenschaft ist Gesetz. Das mögen nicht so daran Interessierte als Einmischung in ihre Souveränität ansehen.

Ignorieren: Der Mitreißer-Opa ist eigentlich ein sogenannter *Fachidiot*, der eine Welt außerhalb seiner Interessen nicht wahrnehmen möchte. Wer ihm nicht folgen mag, ist außen vor.

Toleranz: Der Mitreißer-Opa toleriert nichts, außer seiner speziellen Leidenschaft.

Respekt: Opa respektiert nichts außer seiner Leidenschaft.

Wohlwollen: Nur wer diese Leidenschaft mit ihm teilt, hat sein Wohlwollen.

Typ	Beschreibung	Vorzüge	Defizite
1. Entertainment-Opa	spontaner Spielopa, der jede Aufgabe spielerisch bewältigt, auch in unpassenden Situationen.	kann immer und überall sich und die Enkel beschäftigen.	mangelnde Selbstreflektion macht sich oft zum Kasper
2. Nörgler-Opa	hat an allem etwas auszusetzen kann unvermittelt aus der Haut fahren	kann sich sehr gut alleine beschäftigen	nur bedingt zur Aufsicht für die Enkel geeignet
3. Schlitzohr-Opa	unstrukturiert, lässt sich durch das Chaos nicht vom Vorhaben abbringen	kommt immer zum Ziel, irgendwie Enkel lieben seine Unternehmungen, sehr durchsetzungsfähig	Sehr selbstbezogen fehlender Blick für Sorgen und Nöte der andern
4. Rechthaber-Opa	weiß angeblich alles besser hat eigentlich wenig Ahnung	kaum	Narzisst reklamiert stets alle Aufmerksamkeit für sich
5. Abenteuer-Opa	spontaner Mensch gerät stets in ungeplante Situationen	Lebenskünstler Improvisationstalent	bringt Strukturen durcheinander Risikobewusstsein fehlt
6. Sponsor-Opa	ist finanziell gut aufgestellt hilft finanziell nie ohne Moralpredigt aus	bei ihm ist immer etwas zu holen er gibt auf jeden Fall	wirkt überheblich und gönnerhaft
7. Heimwerker-Opa	handwerklich geschickt Heimwerker mit Leib und Seele	»goldene Hände« was er anpackt, gelingt hilft immer	Einseitiges Interesse ausschließlich am Heimwerken interessiert
8. Genießer-Opa	plant eigene Aktionen, ohne Einbeziehung der Enkel, lässt sie aber teilnehmen kann genießen	mischt sich nicht in Familienangelegenheiten »pflegeleicht«	kümmert sich nicht um Familienangelegenheiten Egozentriker
9. Stubengelehrter-Opa	geht den Dingen auf den Grund forscht gemeinsam	kein Rechthaber belehrbar offen für Neues	kann sein Wissen nicht gezielt einsetzen wirkt manchmal besserwisserisch
10. Mentoren-Opa	Familienpatriarch zieht richtige Schlüsse aus eigenem Leben hat Weisheit und Werte	gesprächsbereit ohne zu belehren gelassen moralisiert nicht erfahrungsorientiert	keine
11. Mitreißer-Opa	Lebt seine Leidenschaft bindet Familie mit in sein Hobby ein	Motivator mitreißend	ignoriert die Welt außerhalb seiner Interessen

QUELLENVERZEICHNIS

Bücher:

Baer, Udo und Gabriele Fricke-Baer:
Wie Kinder fühlen (Beltz Verlag 2008)
Vom Schämen und Beschämt werden (Beltz Verlag 2008)
Das ABC der Gefühle (Beltz Verlag2008)
Gürtler, Helga: Das Glück einer besonderen Beziehung
(Herder-Verlag 2004)
Nöstlinger, Christine: ABC für Großmütter (DachsVerlag)
1999)
Stoppard, Miriam: Das Großeltern-Buch (Dorling Kindersley
2006)

Quellen im Internet:

https://wiki.yoga-vidya.de/Schlitzohrigkeit
www.großelternreport.de
http://eltern-raten-eltern-forum.de/grenzen-setzen/
http://www.familienhandbuch.de/babys-kin-
der/erziehungsfragen/grenzen/grenzensetzenindererziehung.
php
https://www.aphorismen.de/zitat/32621
http://www.daserste.de/information/politik-
weltgeschehen/morgenmagazin/service/service-auch-mal-
nein-sagen-100.pdf
http://karrierebibel.de/nein-sagen/
http://www.frauenzimmer.de/cms/helfersyndrom-die-
egoistische-form-der-hilfe-2510241.html
https://www.aphorismen.de/zitat/122488
https://www.healthyhabits.de/mehr-gelassenheit/
http://www.zeitzuleben.de/machen-sie-sich-auch-standig-
sorgen/
http://www.gutenachrichten.org/ARTIKEL/gn12mj_art4.ht
m

http://www.stil.de/knigge-thema-der-woche/details/artikel/die-jugend-von-heute-wie-sie-generationskonflikte-vermeiden-und-das-gegenseitige-verstaendnis-foe.html

http://www.apotheken-umschau.de/Psyche/Mehr-Respekt-bitte-212961.html

http://www.zeit.de/2016/23/generationenkonflikt-rente-babyboomer-arbeitsmarkt-stellenabbau-sparzwang/komplettansicht

http://www.lizzynet.de/2938660.php

https://de.wikipedia.org/wiki/Respekt

https://de.wikipedia.org/w/index.php?title=Spezial:Buch&bookcmd=download&collection_id=ac7b6d644e4a5740517e64add2270995439da0ae&writer=rdf2latex&return_to=Respekt

ttp://lachen-lernen-entspannen.de/wertschaetzung/

https://de.wikipedia.org/wiki/Wertsch%C3%A4tzung

http://www.dr-mueck.de/pdfs/Wertschaetzungskompetenz-Beachtung-Respekt-Anerkennung-Dr-Herbert-Mueck.pdf

www.vdma.org/article/-/articleview/616148

https://www.business-nlp.ch/files/ibnlp/downloads/Business-NLP_Artikel_Wertschaetzung.pdf

http://www.zeitzuleben.de/selbstwertgefuehl-sich-selbst-annehmen/

http://de.wikihow.com/Mit-Menschen-umgehen,-die-man-nicht-mag

http://www.sueddeutsche.de/muenchen/noergeln-in-sueddeutschland-bayern-ist-ohne-grant-nicht-denkbar-1.1336757-2

http://www.zeitblueten.com/bekanntenkreis-aussortieren/

http://www.cosmopolitan.de/richtiger-umgang-mit-noerglern-keine-chance-fuer-energy-sucker-62812.html

https://www.seele-verstehen.de/themen/seelenleid/beleidigung/

http://rette-sich-wer-kann.com/selbstbestimmung/energiesauger-erkennen-einfach-schlechte-gesellschaft-loswerden/

https://web.de/magazine/wissen/denken-veraendert-struktur-gehirns-32028882

http://www.morgenpost.de/printarchiv/kultur/article104524088/In-der-Noergelfalle.html#modal

http://www.sozial-pr.net/hor-auf-zu-meckern-ein-10-punkte-plan-gegen-notorische-norgler-und-schwarzseher/

http://www.bild.de/ratgeber/2014/streit/so-wehren-sie-sich-gegen-noergler-36324138.bild.html

https://www.welt.de/gesundheit/article12361003/Warum-Menschen-im-Alter-ploetzlich-boshaft-werden.html

http://www.psychologie-guide.de/staendiges-noergeln-zeugt-von-unzufriedenheit.html

http://www.businessinsider.de/noergeln-toetet-nicht-nur-nerven-so-ungesund-ist-jammern-wirklich-2016-3

https://ivanblatter.com/noergeln-ist-aufschieben/

http://www.livenet.de/themen/kirche_und_co/christliches_gemeindeleben/frauen/129240-hoeren_sie_endlich_auf_zu_noergeln.html

http://www.stern.de/gesundheit/warum-uns-perfektionismus-alles-andere-als-gluecklich-macht-5937362.html

http://www.update-seele.de/fileadmin/1_3Orientierung.pdf

http://www.stil.de/knigge-thema-der-woche/details/artikel/etikette-ohne-falschen-ehrgeiz-in-7-schritten-aus-der-perfektionismus-falle.html

http://www.stephanwiessler.de/perfektionismus/

http://www.stephanwiessler.de/perfektionismus/

http://www.stern.de/gesundheit/warum-uns-perfektionismus-alles-andere-als-gluecklich-macht-5937362.html

http://www.zeitblueten.com/news/perfektionismus-perfektionisten/

http://www.zeitzuleben.de/raus-aus-der-perfektionismusfalle/

https://www.psychotipps.com/perfektionismus-ueberwinden.html

https://www.psychotipps.com/perfektionismus-ueberwinden.html

https://www.palverlag.de/lebenshilfe-abc/perfektionismus.html

https://www.palverlag.de/lebenshilfe-abc/perfektionismus.html

http://www.gluecksdetektiv.de/ein-hoch-auf-den-fehler-warum-uns-makel-unzulaenglichkeiten-und-fehlschlaege-erst-wirklich-voran-bringen/

http://www.zeitzuleben.de/fehler-sind-etwas-wunderbares/

http://www.stern.de/panorama/julia-engelmann/julia-engelmann-kolumne-im-stern--verantwortung-uebernehmen-6582266.html

http://dubistgenug.de/verantwortung-uebernehmen/

https://www.angst-panik-hilfe.de/angst-vor-verantwortung.html

https://www.psychotipps.com/selbstverantwortung-teil-3.html

http://www.sagen.at/texte/maerchen/maerchen_deutschland/brueder_grimm/meisterpfriem.html 22.06.2016

ℰdition GroßelternAkademie in Buchhandel und BoD-Shop

Miteinander, füreinander, voneinander
Wir christlichen Großeltern von heute

Mein liebes Enkelkind
Enkeltagebuch

Das ABC für Großeltern

Coole Großeltern

Neugier aufs Dessert
Impulse für Großeltern

Was Ihr Euren Kindern antut, wenn Ihr sie von den Großeltern trennt
Ein Plädoyer für die Enkel-Großelternbeziehung

Zueinander finden
Wege aus der Trennung von den Enkelkindern

Wissen Großeltern alles besser?

Gibt es Generationengerechtigkeit?

Damit der Faden nicht reißt
Ratgeber für Großeltern im 21. Jahrhundert

Nur bei Präsenzveranstaltungen bzw. Kursen erhältlich:

366 Impulse für den schönsten Job der Welt: Großeltern zu sein

... da wollen Sie nicht mehr raus!
Impulsbuch für werdende Großeltern